弔い怪談
葬歌

しのはら史絵

竹書房
怪談
文庫

目次

※本書に登場する人物名は、様々な事情を考慮してすべて仮名にしてあります。また、作中に登場する体験者の記憶と体験当時の世相を鑑み、極力当時の様相を再現するよう心がけています。現代においては若干耳慣れない言葉・表記が登場する場合がありますが、これらは差別・侮蔑を意図する考えに基づくものではありません。

弔い怪談

葬歌

しのはら史絵 著

歓迎

ご近所に住む木村《きむら》さんが急逝した。

人望が厚い彼は生前、町内会長を務め、我が家も大変お世話になったことを思い出す。

訃報が届いたのは、中学生の息子と旅行中のときであった。葬儀には間に合わなかったが、旅帰りのその足で弔問に向かった。

季節は晩夏、この日の気温は三十五度を超えていた。

道路に転がる干からびた蝉の亡骸、降り注ぐ日差しは容赦なく肌を焦がし、焼けたアスファルトからは、ねっとりと身体にまとわりつく蒸気が上がっている。

ようやく木村氏宅に到着し、ドアチャイムを鳴らすと、奥方が笑顔で迎えてくれた。

冷房が効きすぎているのか、やけに寒い。息子と二人腕をさすりながら、祭壇のある仏間に通された。

木村氏の遺影に手を合わせると、ドンッと誰かが襖にぶつかった音がした。

彼は奥方との二人住まいであった。しかし、葬儀は終わったばかりと聞く。気がつかなかったが、後片付けや遺品整理のため親戚が残っていてもおかしくはない。

「他に、どなたか……」

かけた言葉が終わらぬうちに、目の前で襖が倒れた。驚く暇もなく、今度は盛大に祭壇が崩れはじめた。倒れた遺影と骨壺、香炉からは灰がぶちまけられ、仏花を飾っていた花瓶は割れてしまった。

「まだ、いらっしゃるのですね」目を細めながら奥方に尋ねた。

「はい、皆様が来てくれて、嬉しいのだと思います」

彼女は涙ぐみながら、そう答えた。


その帰り道のこと。

「あれは……とても歓迎してるようには見えなかったよ」

僕と父さんのことを怒っていたのではないか、行ってはいけなかったのではと、青い顔をしていた息子にこう答えた。

「ああ、お前は知らなかったか。木村さん、亡くなる前に病気で目が見えなくなっていたんだ。家の中を歩くのも、ぶつかって大変だって聞いてたから――」

魂だけになっても、見えないままだったんじゃないかな。

丸く収まる

京子《きょうこ》さんの母親は、とても良い人だった。

穏やかで料理上手なだけでなく、友達と喧嘩をしたときも、大学の進路で迷っていたときも、結婚を父から反対されたときも、母親はいつも優しく話を聞いてくれていた。

何かにつけ声を荒げる父とは違い、常に温かく京子さんに寄り添ってくれたそうだ。


そんな大好きだった母親は一昨年の暮、重い病を患い入院した。

入退院を繰り返し様々な治療法を試み、あらゆる手段を講じてみたが、去年の夏、呆気なく逝ってしまったという。

亡くなる直前、京子さんは母の手を握り、父と一緒に病室で経過を見守っていた。

そのとき母は今にも消え入りそうな声で、娘と二人きりになりたい旨を伝え、父は席を外した。

かけがえのない母が、自分に最後の言葉を残してくれる。

京子さんは一言も聴き逃すまいと、母の口に耳をよせ神経を集中させた。

「ひ、き…つ…ぎ」

どうやら自分に「あるものを引き継ぎしなくてはいけない」と説明しているようだった。

「あるものって、何、お母さん！」そう聞いてはみたが、意識が朦朧としてきた母の口から出る言葉は、要領を得ないものばかりであった。

かろうじて聞きとれた言葉は、「あなたが我慢すれば、全て丸く収まるの」であった。

母はこの言葉を最後に、静かに息を引きとったという。

我慢、全て丸く収まる……。

引き継ぐもので自分が我慢しなければならないものとは、一体何だろう。

心当たりは全くない。

京子さんは母が残した不可解な言葉により、悲しみよりも困惑の方が大きかったと語っていた。


次の日の朝、その疑問は解消された。

目が覚めたら、すぐそこにいたのだ。

真っ裸の男だった。頭髪も体毛もなく、頭からかかとまで真っ白である。

そして猿に似た顔をこちらに向け、腕を下げ猿のような歩き方でついてくるのだ。


京子さんは気がついたという。

母親は優しくて穏やかな人ではなかった。

ただの事なかれ主義者であった、と。

思い起こせば、小学校のとき友達のせいで喧嘩になったときも、美大に進学することを反対した祖母と言い争いになったときも、はじめて付き合った恋人との結婚を父から反対され口論になったときでさえ、母はいつでも「あなたから謝りなさい」とアドバイスしてきた。

自分の悩みを聞いてはくれたが、最終的には必ず「あなたが我慢すれば、全て丸く収まるから」で済ましていたのだ。

子供にどれだけ我慢させてでも、面倒事は避けたかったのであろう。

「私の言うことを聞けば、間違いないから」と、母はいつも優しい手で頭をなでてくれた。

京子さんが反抗しないように宥《なだ》めるため、コントロールするために母はいつも優しかったのだ。


真っ白な裸の男は今でも傍にいるらしい。

いつでも虚ろな目で、京子さんをじっと見つめているそうだ。

その男の存在も気になってはいるが、彼女にとっての一番のダメージは、大好きだった母親が実は〈毒母《どくぼ》〉であったこと。

京子さんは、母親の墓前に手を合わせることは金輪際ない、とため息をついていた。

食べるべからず

橘《たちばな》さん夫妻は五年の不妊治療を経て、待望の赤ちゃんを授かることができた。

病院へ一緒に行き、医師から妊娠を告げられたときは、橘さんは勿論、妻である美帆《みほ》さんも涙を流して喜んだという。

美帆さんは仕事と通院の両立に苦労し、また治療自体も身体的に苦痛を伴うものだったため、日々辛い思いをさせてきたと、橘さんはいう。

治療開始から三年経っても結果が出なかった頃は、周囲からの「大丈夫。まだ若いから、そのうちできるわよ」という励ましの声も、「無理しないで」という優しい心配も余計なお世話だと、苛《いら》ついたりもした。

橘さん自身も健康に気を使いタバコもアルコールも止め、仕事の合間を縫ってはジョギングに精を出していた。

美帆さんに対して、理不尽な文句をいう自分の母親にも、反論を繰り返してきたという。それだけに、感慨《かんがい》もひとしおだったのだろう。


そんな橘さんが異変を感じたのは、美帆さんの悪阻《つわり》がはじまった頃だという。

その日休みだった橘さんは、動けない妻の代わりに家事を全て引き受けていた。

今晩のメインのおかずは、鶏のから揚げ。悪阻は辛そうだったが、美帆さんはなぜか、揚げ物が食べたいと言い出すことが多かったそうだ。

買い物から帰宅して、寝室のドアを静かに開ける。起こしたらいけないと部屋には入らず、ドアの隙間から美帆さんの様子を見てみた。

ぐっすりと眠っているようだな。夕飯ができるまで、このまま寝かせてあげよう。

そんなことを考えていると、台所のほうから子供の笑い声がした。いいや、子供というより赤ん坊の笑い声に近かった。

橘さんの部屋はマンションの八階である。

外から聞こえてくることはまずありえない。そうなると隣の部屋からだろうか、いや、それにしては明瞭すぎる。

耳をそばだてながら台所に向かう。その間も〝キャッキャッ〟という笑い声は続いていた。

台所に続くドアをそっと開けてみた。

しかしそこには誰もおらず、笑い声もピタッと止んだ。

気のせいか。

夕飯の支度に取りかかろうとすると、今度は寝室の方から〝キュッキュッキュ〟という妙な音がはっきりと聞こえてきた。

何だ、この音は。

音の正体は分からなかったが、妻が出したものではないのはすぐに分かった。

明らかに妻とは違う、別人の気配がした。

もしかすると泥棒が入り込んだのかもしれない。

橘さんは急いで寝室へと向かい、勢いよくドアを開けた。

だが、寝室には今さっき起きたばかりといった、寝ぼけ顔の美帆さんがベッドに腰かけているだけだった。

他の部屋も調べてみたが、やはり誰もいなかったという。

「ねえ、これどうしたの？」

先ほどの不可解な音に首をかしげながら夕飯を作っていると、後ろから声をかけられた。

美帆さんが手にしているのは、青く古ぼけた幼児用の靴であった。

聞けば、片方だけ寝室に落ちていたという。夫の橘さんが持ち込んだものだと美帆さんは考えていたそうだが、全く心当たりはなかった。

「あ」

急にあることを思い当たった橘さんは右手に靴をはめ、台所の床に三回軽く押し当ててみた。

キュッキュッキュ

笑い声の主は分からなかったが、さっき聞いた音の正体は、まさしくこれであった。

この日を境に、橘家では子供の気配が続くようになっていった。

くだんの幼児用の靴はとっくに捨ててしまっていたが、赤ん坊のような笑い声と幼児用の靴音は、相変わらず聞こえてきては消えていたという。

朝、家を出るときや、風呂上がりにダイニングでくつろいでいるときなど、奇怪な声や音が聞こえてくる時間帯はバラバラであった。

しかも聞こえるのは自分だけで、美帆さんには全く聞こえていなかったそうだ。

ここ何日も仕事だけでなく、身重の妻に代わって家事をやってきた。

きっと、自分は疲れているだけだ。疲労のせいで幻聴が聞こえてくるのだ。

橘さんはそう自分に言い聞かせ、休みを取ることにしたという。

有給休暇を四日ほど取り、だいぶ身体の疲れは癒されたはずだった。

けれども休み中、正体不明の子供の気配は、濃くなっていく一方であったという。

朝食時、フォークを落としたので拾おうとかがむと、テーブルの下から子供の足だけが見えたことがあった。また違う日には、リビングを歩いていた美帆さんの身体をすり抜ける、男の子の後ろ姿を見かけたこともある。

いずれも一瞬の出来事で、見えてはすぐに消えてしまうので、橘さんにはどうすることもできない。

そして、ここまで気配が濃厚になっていても、やはり美帆さんには、まるっきり見えていなかったそうだ。

家にいる、あの子供の正体は何なのか。一人なのか複数いるのかも、まるで見当がつかない。

一時は、自分が精神的な病にかかってしまった可能性も考えた。

だがそれよりも、いやな予感の方が勝っていた。

妻が妊娠してからだ。あの、見るからにこの世のモノではない子供に付き纏われているのは。

誰に相談しても、とてもじゃないが信じてもらえないだろう。

かといって手をこまねいているわけにもいかない。夫婦二人、苦労してやっと授かった子なのだから。

橘さんは休日ごとに神社仏閣を回れるだけ回り、無事に赤ちゃんが産まれるよう、ご祈祷やお祓いをしてもらい、お札やお守りまで買いあさったという。

その行動は、何も知らない美帆さんが心配するほどであったが、家に出てくる子供の気配は一向に消えなかったそうだ。

妊娠四か月が過ぎた頃。

美帆さんとお腹の赤ちゃんに、悲しい診断が下った。

無脳症、と告げられたのだ。

妊娠経過の途中……母胎内で亡くなる可能性……人工中絶……。

医師がエコーを見せながら丁寧に説明していたが、橘さんの耳には無慈悲な単語しか入ってこなかった。

美帆さんはギリギリまで産みたいと懇願していたが、結局、中絶することに至ったそうだ。

それから美帆さんは伏せってしまった。食事も碌《ろく》にとらなくなり、来る日も来る日も、後悔の念をつぶやいては、涙を流していた。

橘さんは無理にでも、美帆さんを心療内科とカウンセリングに連れていった。

結果、現在は元気を取り戻しつつあるという。

「私のせいなんです……あんなことになったのは——」

橘さんがそうつぶやいた。

返事ができずにいると、彼は堰《せき》を切ったように話しはじめた。

高校生のときです。私は厳しかった両親に反発し、グレてしまいました。

いつも不良仲間とつるんでは、悪さばかりして……。

高校二年の夏休み、お盆の時期に肝試しに誘われて……行ってしまったんです。

場所は学校の近くにある寺の墓地でした。

実家は街灯も少ない田舎でしたから、真っ暗でね。

懐中電灯片手に、墓地に入ったんです。

最初は、一人で一周して元の場所に戻る、それだけのルールでした。

でも、リーダー格の男が、それじゃあ面白くないって。

墓地の中を荒らそうぜって、言い出したんです。

本当に怖かった私は、「やめたほうがいい」って、つい口を出してしまいました。

そしたらその男、「見てるから、お前一人で暴れろ」って。

やらないと、明日からどうなるか分かってるよなって、脅されて――。

そして橘さんは不良仲間と一緒に、墓地に入ってしまった。

遺骨を埋葬している墓の上に乗ったり倒したりすることは、恐ろし過ぎてできなかったという。

みんながはやし立てる中、どの墓にしようか物色している振りをして墓石や卒塔婆に代わるものを必死に探していた。

しばらくして墓地の突き当りまでくると、地蔵がたくさん並んでいるのを見つけたそうだ。

橘さんは、地蔵なら大丈夫だろうと、そこで暴れてしまったらしい。

地蔵の赤い前掛けを外しては投げ、倒せる地蔵があれば倒し、おもちゃも踏み荒らした。

そして。

お供え物のお菓子を、食べてしまったそうだ。

「子供が食べるようなお菓子やおもちゃがいっぱい置いてあったから、おかしいなとは思ったんです。あとから調べてみたら、水子供養もしている寺でした」

橘さんはその行為が〈よもつへぐい〉だったのではないか、と話していた。

よもつへぐい、とは漢字で『黄泉戸喫』と書く。

この意味は『黄泉の国の食べ物を食べること』。黄泉の国の食べ物を口にすると、黄泉の国の住人になってしまう、と言われている。

「黄泉の国に逝《い》かなかった自分の代わりに、私の子が逝ってしまった……こんなの信じてくださいって言っても無理ですよね……。でも実は、そうだと確信できることがあったんです」


妻のお腹の子を助けるために神社仏閣を回っていた頃、橘さんは因縁となった寺にもいったそうだ。

住職に全てを打ち明け、過去の過ちを赦《ゆる》してもらえるよう水子地蔵を全て清め、拝んできた。

終わったときは、もう日はとっぷり暮れていたという。

人気《ひとけ》のないホームで電車を待っているとき、ふと住職の言葉を思い出した。

住職いわく、地蔵菩薩は仏のいないこの世界で、悩み苦しんでいる私たちを唯一救ってくれる存在だと。これから善行を積んでいけば、地蔵菩薩は必ず赦してくれると。

自分はよほど深刻な顔をしていたに違いない。

帰り際にも住職は、温かい声をかけてくれた。

来て、良かった。

あんなに恐れていた自分が、馬鹿馬鹿しくなっていた。

誰にも話すことができなかった過去の黒い過ちを、全部打ち明けることができたことも大きいと思う。

でも何より、こんな自分でも真剣に心配してくれる人がいたことが嬉しかったのだ。

そんなことを考えていると、子供がすすり泣く声が聞こえてきた。

振り返ると、下を向いた男の子が膝を抱えてしゃがんでいる。

どうしたのと、声をかける前に男の子が履いている靴に目がいった。色、柄、サイズ、履き古した感じもよく似ている。

靴を見て、この子はうちによく現れていたあの子供だと、すぐに分かった。

なるほど、今日この寺に来たのは、この子に謝るためかもしれない——。

ふいに、男の子が顔を上げた。

「が」

思わず変な声が出る。

顔が、セルロイドでできた人形だった。

少し上を向いた鼻、鉛筆で描いたような眉毛、その下にある丸い青い目の片方だけ、壊れているように〈カタカタ〉と音を立てながら瞬きを繰り返していた。

立ちすくむ橘さんをじっと見つめたまま、笑っているかのように口角を上げ声を出した。

「ておくれ」

そうつぶやいた男の子はみるみるうちに粉々になり、紙吹雪のように飛んで消えていった。


「……その翌週に、あの診断が下されたんです」

うつむきながら語ってくれた橘さんには、新たな悩みができていた。

明るさを取り戻した美帆さんが、「産んであげられなかった、あの子のために」と、もう一度、子供を作ることを望んでいるという。

橘さんは過去からの因縁を美帆さんに打ち明けるべきか、迷っているそうだ。

話すべからず

「ほんと、あの人のせいで……」

敏江《としえ》さんの唯一の楽しみは、孫の唯奈《ゆいな》ちゃんに会えることだった。

息子が三年前に北海道へ転勤になり、また、新型コロナウイルスの感染症の流行により会うことが困難になってしまった今、心配は日に日に募っているという。

以前、息子夫婦は近所に住んでいたこともあり、敏江さんは折に触れ、唯奈ちゃんの様子を見に行き、子育ても積極的に手伝っていたという。

その甲斐あってか、唯奈ちゃんも敏江さんによく懐いていた。

あの頃、何かにつけ「ばあば、ばあば」と甘えてきていた唯奈ちゃんは、敏江さんにとって、今でも目に入れても痛くないほどの可愛い孫なのだ。

事のはじまりは、先に書いた息子の転勤であった。

その年は唯奈ちゃんにとって、はじめての七五三の祝いが予定されていた。

敏江さんは早々と、着付けとメイクのための美容院を予約し、参拝のあとの食事会のお店に加え、せっかくだから孫の晴れ姿の写真集を作りたいと、撮影をするスタジオまで念入りに調べていたという。

それなのに、息子に急な辞令が出てしまった。

十月一日付で、北海道の支社に配属されるらしい。

東京の本社に戻るのは、おそらく五年ほど先になると聞いた敏江さんは、滅多に孫に会えなくなると思うと寂しさが募る一方であったが、これぱかりは仕方がない。

当初の祝いの予定も、十一月から九月に前倒ししたという。

信心深い敏江さんは、神社にもあらかじめ確認した。幸い、早めの七五三のご祈祷も受付可能とのことだった。

変更は予定外であったため、遠方に住む嫁のご両親が都合がつかず欠席となったのは残念であったが、何とか当日を迎えることができたという。

秋晴れが爽やかな、九月の中旬。

午前中に神社に到着した一行は、まずは鳥居の前で写真撮影をすることにした。

一枚目の写真は、敏江さんが撮ることになった。

唯奈ちゃんを真ん中に、家族の立ち位置を決める。

息子は唯奈ちゃんの両肩に手を置き後ろに立ってもらい、孫娘の両端には、嫁と敏江さんの夫という構図にした。

デジタルカメラのファインダー越しに、もっと右に寄って、あ、今度は寄り過ぎ、などと指示している間に、唯奈ちゃんの様子がおかしくなったという。

怯えた顔で、真ん中で写るのは嫌だ、とついには泣きだしてしまったのだ。

嫁の後ろにしがみついて「ママ、助けて」と、震えている唯奈ちゃんに急いで駆け寄り、宥めながらわけを聞いてみた。

夫が困った顔で唯奈ちゃんにしきりに謝っていたので、おおよその察しはついていたのだが……。

「あのね、じいじが、まんなかでうつると、おばけにつれていかれるって……」

泣き過ぎてしゃっくりを上げていた唯奈ちゃんだったが、落ち着きを取り戻すとこっそり教えてくれた。

また、この人ったら……。


夫は年甲斐もなくいたずら好きで、よく孫の唯奈ちゃんに怖い話を聞かせては、怖がらせていたのだ。

今回は大昔に流行った〝三人で写真を撮ると真ん中の人は早死にする〟という噂話を、小さい子にも分かるように伝えたのだろう。


いつもと同じ、じいじの悪ふざけよ。

あとで、ばあばが叱っておくから、ね。

涙でぐしゃぐしゃになった孫の顔にファンデーションを塗り直し、紅を差す。

そのあと、先ほどと同じように、唯奈ちゃんを中心に鳥居の前で並んでもらった。

唯奈ちゃんも今は笑っているし、もう大丈夫だろう。

やれやれと、もう一度デジタルカメラで撮ろうとすると、また、唯奈ちゃんの表情がおかしくなった。

拳を握りしめ、仁王立ちのまま、唇をぎゅっと噛み、カメラではなく遠くの方を睨んでいた。笑うように催促しても、敏江さんの声は耳に入っていないように強張《こわば》ったままだったという。

今度は、何……。

困惑気味に後ろを振り返ると、二メートルほど先に和装の喪服姿の女性がしゃがんでいた。後ろを向いてしゃがんでいるので顔は見えなかったが、長い髪を上品に丸く結っている姿はどこか儚《はかな》げで、夫に先立たれた未亡人を彷彿させたという。

それにしても、朝の神社に喪服姿で訪れるなんて……。

孫娘の七五三の祝いというハレの日が、不浄なモノで汚された気がした。

「母さん、さっきから何やってんだよ」気がつくと、焦《じ》れた息子が近くまで来ていた。

みんな待っているんだから早くしてくれと、急かしにきたのだ。

「でもあれ、ちょっと見てよ」

神社に喪服でくるなんて、穢れを持ち込んでいるようで嫌よねえ。

息子に同意を促《うなが》してみたが、何も見えていないのか怪訝そうな顔をするだけであった。

「え……そこにいるじゃない。ほらあそこ……」

視線を向けると、喪服の女性はいつの間にか消えていた。

きっと、家にでも帰ったのだろう。

気を取り直して写真を撮ろうと振り返ると、くだんの女性は顔を伏せ、唯奈ちゃんのすぐ隣に佇《たたず》んでいた。

何か変だ。孫娘の肩にふれるかのごとく真横に喪服姿の女が立っているというのに、誰も気にしていない。

いや違う、全員、あれが、見えていないのかも……。

違和感を覚えた途端、身体中が総毛だった。

どうしよう、どうすればいい、正体は分からないがあの女は何か良くないモノだと、本能が告げていた。

と、おもむろに女が伏せていた顔をあげた。

「顔全部が、開いている口だったの……乱杭歯《らんぐいば》をむき出しにして、だらだらとよだれを垂らしていて……」

孫娘を喰らおうとしている——気がつくと敏江さんは唯奈ちゃんを抱きかかえて、全速力で鳥居をくぐっていた。

神社の境内は神の領域。鳥居は神のいる場所と人間界を隔てる境界線であると、教わったことを思い出したからだ。

「火事場の馬鹿力ってあるのよ。ほんと、あのときは必死だったから……」

鳥居を猛スピードでくぐり、転びそうになりながらも立ち止まった敏江さんが、息を切らしながら振り向くと、女は前のめりでお腹に手を当てながら、小刻みに震えていた。

あれは、お腹を抱えて大笑いしているんだ。少し間を置いてから気がついた。

ふ、ふざけるなあ！

笑う姿を見て頭にきた敏江さんが大声でそう叫ぶと、女は霞のように消えてしまったという。

その間、唯奈ちゃんを含む他の家族は皆、わけが分からず呆気にとられたように、敏江さんを見ていただけだったようだ。

「説明しても信じてくれなくて、大変だったわよ。私の頭がおかしくなったんじゃないかって、本気で心配するし……。

でもね、私、あの女の大笑いを見て直感したの。あいつは、また唯奈のところに来るって。あの子を執拗《しつよう》に狙うはずだって。だから、神社ですぐに〝信用のおける筋の人〟に電話したの。魔除けの数珠を作ってもらったわ。ブレスレットとしてつけさせているのよ。子供が肌身はなさず持つためには、その方法が一番いいって言われたから。一年に一回、新しいものを作ってもらって送ってるわ」

彼女の直感は当たった。北海道まで会いに行ったときも、あの女は唯奈ちゃんから片時も離れていなかったという。

魔除けの数珠が効いているのか、くだんの女は口も開けられずに、顔を伏せたまま孫娘の隣に佇んでいるだけだったが。

「数珠をつけてる限りは大丈夫。ただ、唯奈はね、今年小学校に入学したの。クラスの男の子から数珠のことを、からかわれたみたいでね……。外したいってグズッているそうなのよ。嫁が何とか宥めてるらしいけど、心配でね……」

息子の嫁、つまり唯奈ちゃんのお母さんは最初こそ信じてはいなかったが、今は娘を守るため全面的に協力してくれ、学校の方にも「宗教上の問題で外すことはできない」と、交渉したらしい。

北海道に引っ越してから、唯奈ちゃんの身体に黒い靄《もや》がかかっているのを、頻繁に見かけるようになったからだという。

ちなみに、唯奈ちゃんが二回目に様子がおかしくなったのは、野良の黒猫を見たせいだという。

黒猫を見たら親指を隠せ、隠さないと悪いことが起きる、という迷信もまた、唯奈ちゃんを怖がらせようと、敏江さんの旦那さんが吹き込んでいたものだったそうだ。

ここで私はふと、疑問に思ったことを口にしてみた。

その得体のしれない女を、敏江さんがいう〝信頼している筋〟の人は祓うことはできないのかと。

また、あの女の正体を何だといってるのか。

「女の力が強すぎて無理だって。唯奈は偶然、居合わせちゃったのよ。邪鬼の念が固まって漂っているところに、すごく怖がっている唯奈がたままいて、取り憑いたんだっていってたわ。それを聞いてはじめの頃は、私があの神社を選んだからって後悔もしたけど、一番悪いのは私の夫なのよ。何度も止めてって言ったのに、いたずらに唯奈を怖がらせるから。だから私、夫に口酸っぱく言ってるの。こうなった責任を取れって――」

死ぬときあの女を道連れにしないと、絶対に許さないからねって。

捜索

怪談蒐集家でもある声優の原田友貴《はらだともたか》さんが、〈それ〉に遭遇したのは、今から十年以上前のこと。

当時、都内のN橋という駅の周辺のアパートで一人暮らしをしていた彼は、声優の養成所へ通いながら、昼と夜、飲食店でのアルバイトを二つかけ持ち、忙しいがそれなりに充実した毎日を送っていた。

養成所でのレッスンは夕方から、またレッスンがない日はバイトを入れるか友人たちと遊んでいたため、夕方の時間帯に家にいることはあまりなかったそうだ。

鬱陶しい梅雨が明け、夏の兆しが見えはじめた頃。

その日は昼のバイトは短時間で終わり、養成所も夜のバイトもなく、珍しく家でゆっくり過ごせる日だった。

ベッドに横たわりながら、これから何をしようかと考えていると、いつの間にか眠ってしまったらしい。

目を開けると、つけっぱなしであったテレビには夕方のニュースが流れている。

横になったまま時計に目をやると、十七時半ちょうどを指していた。

起きて、コンビニでも行くかな——そう考えた、直後。

何者かにジッと観察されているような、視線を感じた。

全身をねっとりと這《は》うような、熱い視線に気味悪さを覚え、鳥肌が立った。

このとき、数日前にも同じようなことがあったのを思い出したという。

あの日はたしか、休みの日だったはず。誰かに見られているという不気味さに耐えきれなくなった原田さんは、手当たりしだい電話をかけ、暇な友人を見つけだし、外出したのだった。だが、夜になり帰宅すると何も感じなくなっていたので、きっとあの妙な視線は気のせいだったのだと、忘れていたという。

今、視線を注いでくる奴は、あのときと同じモノだろう——そう考えると同時に、身体が動かなくなった。金縛りである。

そのとき彼は仰向けで寝ていて、首だけがテレビのある右側を向いていた。

意識はあり、眼球も動かせる。だが耳鳴りがしはじめ、しだいにそれは強くなり、テレビから流れてくるアナウンサーの声も聞き取りづらくなってきた。

今まで体験した金縛りとは、明らかに違うものであった。

実家に住んでいた頃も何度か経験していたが、その瞬間はいつも覚醒途中といったうつらうつらした状態であり、まわりに人がいるような気配もなかった。そして大抵は二度寝をしてしまい、起きると金縛りは解けていたのだった。

今回ははっきりと目が覚めた状態で、かかっている。そしてずっと、得体の知れない視線に晒されているのだ。

この部屋の中に何かがいる——たじろぎながらも、感じる視線の方向に意識を集中させると、〈それ〉は自分の足元にいることが分かった。

首はビクともしないので、眼球だけ必死に動かしてみる。

視界の隅に自分の足元は入るのだが、〈それ〉の姿は全く見えなかった。

動かず見えず、それでも金縛りをどうにか解こうともがいているうちに、何者かが自分に覆いかぶさってきたのが気配で分かった。

相変わらずその姿は見えないまま、正体不明の何かが原田さんの身体に触れてきた。お腹の上に両手を乗せてきたのだ。彼は手の平の柔らかい感触や大きさから、おそらく女性だろうと推測した。

その女性はお腹から胸の中心まで、すーっと両手を滑らせてきた。

それと同時に、奇妙なことが起きたのだ。

原田さんの頭の中に見たこともない〝映像〟が流れはじめたという。

その映像は、どこかの小学校だった。

知らない校舎、会ったこともない子供たち。

授業を受けている場面や給食中の風景、はたまた避難訓練でもしているのだろうか、廊下や体育館できちんと整列して並んでいる子供たちの映像が、彼の頭の中を駆け巡っていった。

それらの映像を見せられているうちに、彼の感情は恐れから疑問に変わってきたという。

何だこれは、一体、どこの学校なんだ――そんなことを考えていると、女性の手がふっと離れ、気配が消えていくのを感じた。

女性がいなくなった瞬間、頭の中の映像も消え耳鳴りも止み、金縛りも解けたそうだ。

テレビに目を向けると、アナウンサーは先ほどと変わらずニュースを読んでいた。

少し気分が落ち着いたところで時計を見ると、不思議なことに、金縛りにあう前の十七時半からわずか一、二分しか経っていなかったという。

「金縛りにあって知らない映像を見せられて……。自分的には、かなり時間が経ってると思ってたんですけどね。あと、特に根拠はなかったんですけど、あのときすぐに確信したんです。あの女性はもう、この部屋には来ないなって」

原田さんの確信どおり、くだんの女性は二度と現れることはなかったそうだ。

ほどなくして原田さんは、事の顛末を知り合いに打ち明けた。

彼はあの映像を、〝女性の幽霊の記憶を流し込まれたのではないか〟と語ったらしいのだが、全てを話し終えたあと、ふと、あの女性は誰かを捜すために、あの記憶、いや映像を見せて回っているのではないかと、思い当たったという。

遭遇した怪異を話し終えたとき、小学校の頃、彼の地元で流行っていた『よつかど』という、怖い話を思い出しだしたからだ。

『よつかど』とは、四辻《よつつじ》や部屋の四隅ではなく、天井の四つの角のこと。

その昔、放火で命を落とした母親と赤ん坊がいた。

母子が亡くなる間際に見ていたのが、天井の四つ角であった。

無念の死を遂げた母親と子供は犯人を捜すため、今もこの世を彷徨《さまよ》っている。

犯人を見つけるため、この話を聞いた人の前に、一週間ないし一か月の間に現れるそうだ。

姿を現すのは夜。就寝中、ふいに目を覚ますと、天井の四つの角のうちどこか二か所から、母親と赤ん坊の〈焼けただれた頭部〉だけが、すーっと出てくる。

それから二つの頭部は、部屋の真ん中で融合し一つになって、起きた人に質問をしてくるという。

質問には、正直に答えなくてはならない。

嘘をついたり適当にごまかしたりすると、その場で殺されるとも、気がふれてしまうとも言われている。

この母子は放火した犯人に心当たりがあるようで、ある程度の特徴は知っているらしい。

ただ、二人とも目が焼けただれているため、目で見て捜すことができない。

だから、この話を聞いた人に質問をして回っているのだ。

犯人かどうか、確かめるために。


「あなたは男ですか？」

「年齢は？」

「身長は？」

犯人ではないと判断されれば、質問は途中で終わる。

最後まで質問されても犯人だと特定されなければ、問題はない。

「私たちは、どこにいけばいいですか？」犯人でなければ、最終的にこの質問で終わるのだという。この問いに対しての回答は迷うことはない。自分に縁のない、どこか遠くの地名を言ってしまえば、この首は消えてしまうそうだ。

本当にその土地に行くかどうかは、定かではないが。

また、この母子は天井の角が四つある、四角い部屋にしかでないそうだ。でっぱりがあったり、へこんだ部分のある部屋で寝ている人は、この話を聞いても母子の首に遭遇することはないという。


以上が『よつかど』という話の全編である。

原田さんも子供の頃、この話を聞いたときは、いつ現れるかとドキドキして眠れなかったと語っていた。だが、この放火で亡くなった親子は、一か月以上経っても彼の前には現れなかった。

『よつかど』とは、所謂《いわゆる》、子供たちの間で言い伝えられた都市伝説の一つである。

都市伝説を大辞林で調べてみると、『都市化の進んだ現代において口承されている話。出所が明確でなく、多くの人に広まっている噂話』と書かれている。

「まあ、所詮《しょせん》、子供たちの間で流行った噂話ですから、出るわけがないと思うんですけど。でも、もしもですよ、本当に放火で焼け死んだ親子がいたとしたら……。いや、焼け死んでなくても、誰かに殺されたとか子供が誘拐されたとか。いずれにしても、何らかの恨みを持った霊が今でも犯人を捜しているとしたら……。こういった都市伝説や噂話って、語られてるうちに、伝言ゲームみたいに変わっていくじゃないですか。尾ひれや背びれがついたりして。

話を聞いてから、一週間から一か月以内に姿を現すってことも、あとから付け足した話かもしれないし。

僕、自分自身の体験を知り合いに話してハッとしたんですよね。

あの映像は、犯人を捜し出すために見せたものじゃないかって。僕があの小学校での映像を見ても全くピンと来なかったから、犯人じゃないと判断して、あの女性は消えたんじゃないかって。

よつかどっていう都市伝説が出はじめた頃は、質問形式じゃなくて映像で見せるって話だったかもしれないし……」

原田さんのこの仮説を聞いて、私はそうかもしれないと思った。

仮に焼け死んでいたとしたら、目だけではなく喉も焼かれて声も出せないのではないか。小学校の映像を見せたのは、昔、子供が誘拐され犯人に殺された事件が関係しているのかもしれない。その無念を晴らすべく、母親が誘拐犯を捜しているのかも、と。

考え出すと切りがないし、こじつけだと言われても仕方ないのだが、原田さんが体験した〈知らない映像を見せられた〉怪異と、これらの推測はとても無関係とは思えないのだ。

恐怖症

勤続七年目になる真央《まお》さんは、春から都内のとある支社へ異動することになった。今住んでいるアパートからも通えない距離ではないが、心機一転、支社近くの新築マンションに引っ越しすることを決めたという。

元から一人暮らしであったため荷物はさほど多くはなく、新居での荷ほどきも一日で片付いてしまった。

時間と体力が余ったこともあって、その日は作業を手伝ってくれた女友達と、引っ越し祝いと称して新しい部屋で夜遅くまで飲んでしまった。幸い友達はギリギリ終電に間に合う時間に帰ることができた。

そのあと真央さんは疲れと酔いもあり、そのままベッドに倒れ込むように眠ってしまったという。

次の日、真央さんは早朝に目が覚めた。時計を見るとまだ五時半であった。

少し早いけど、朝の散歩と洒落込《しゃれこ》みますか。

この日は何も予定がなかった上に、はじめて住む町に早く慣れておきたかったこともあり、彼女は早々と支度をすませて家を出た。

朝焼けの空の下、人気《ひとけ》のない静かな住宅街を散策していると、数十メートルほど先に十字路があるのが見えた。

その十字路の手前、右側に瀟洒《しょうしゃ》な洋館が建っていた。遠くから眺めてもため息が出るほど、素敵な館であった。

しばらく洋館を眺めながら歩いていたが、近づくにつれ、何か十字路から——詳細に言えば、十字路の角に建っているくだんの洋館から、何か人の顔のようなものが出たり、引っ込んだりを繰り返しているのだ。

歩きながら更に目を凝らして見る。近づいていくうちに、全体像が見えてきた。

洋館の門が開いたままなのか、片側の門扉《もんぴ》が開いたり閉じたりを繰り返している。

そしてその動いている門扉には、どうやら大人の男性がしがみついているようなのだ。

何をしているんだろう……。鉄柱でできているようなアーチ型の門扉、大人の男性。そんな重いものを動かすなら、誰か押しては引いている人がいるはずなのだが。こんな早朝から、そんなことをする意味が分からなかった。


近づくにつれ、その違和感の正体が分かった。

男性が門にしがみついているのではない。

門の一番高いところにロープをかけ、首を吊っていたのだ。

真央さんは、しばらく動くことも声を上げることもできなかったそうだ。

目の前には男の死体がぶら下がっているのだが、やたら現実感がない。

立ち尽くしていると叫び声が上がり、我に返った。

いつの間に来ていたのか分からないが、朝のジョギング中だった中年の女性が真央さんの後ろに立ち、泡を食った顔でスマホから警察に電話をかけていた。

もう一度、門のほうを振り返り首を吊っている男性を見た。

無精ひげを生やした男性の顔はうっ血し、ぎょろりと飛び出した目玉は、真央さんをとらえていた。

更に失禁でもしたのだろうか、男性の足元には水たまりができている。そしてほんの少しだけ、身体はゆらゆらと揺れていた。


事情を聴かれた警察には、朝の散歩中に見つけたとだけ話しておいた。

男性が首を吊っていた門扉が、ひとりでにギッタンバッタンと開いては閉じていたことは、説明できなかったという。

くだんの門を押している人など誰もいなかったし、真央さんがそれを首吊りだと認識したときには、もう門は動いてはいなかったはずだった。

ただ、それをどう説明していいのか、見当もつかなかったのだ。

ジョギング中の中年女性も、門のことには特に触れてはいなかったので、真央さんもあれは見間違いだったのだと自分に言い聞かせたのだが、その日は一日中何も手につかなかったそうだ。


その翌朝。

ベッドから出ると、キッチンの床に水たまりができていた。

水をこぼした覚えなど、全くない。

その日を境に、水たまりは部屋のあちこちに出現するようになった。

玄関、寝室、果てはトイレに敷いたマットまで〈ぐっしょり〉と濡れていることもあったという。

真央さんはその度に、嫌でもあの男の顔を思い出した。首をつったあの男は、ぶくぶくと泡まで吹いていたことも。

そんなある日、ポストに不在票が入っていた。

実家の母がお米や野菜を送ってくれたのだ。あらかじめ真央さんは母親と電話をし、家にいる時間帯に届くように時間指定をと頼んでおいた。

その時間はずっと部屋にいたはず——あの水たまりの件もあり、一瞬、嫌な予感が頭をよぎったが、気をとり直して再配達を依頼したという。

ちなみに、真央さんの部屋は１ＤＫである。

インターフォンは、ダイニングキッチンの壁についていた。

再配達を依頼した日は休日で、その時間、彼女はダイニングキッチンのテーブルで、昼食後のコーヒーを飲んでいたそうだ。

何とはなしに、人の気配がしてインターフォンの画面を見た。

画面には宅配便のドライバーさんが映っている。

玄関先のチャイムを押しているような仕草をしているのだが、部屋の中ではチャイムの音は聞こえなかった。

もしかするとインターフォンの音の出るところだけ壊れたのかもと思い、彼女はインターフォンの通話ボタンを押しに行こうとした。そのときである。

ぴんぽーん

彼女の耳元で男の低い声がした。驚愕のあまり立ちすくんでいると、

ぴんぽーんぴんぽーんぴんぽーんぴんぽーんぴんぽーんぴんぽーん。


真央さんが耳をふさいで悲鳴を上げるまで、その男の声は続いていたという。

彼女はすぐにマンションを引き払い引っ越したが、あれ以来、インターフォン恐怖症になってしまったと、話を結んだ。


実は私も真央さんとは違う理由で、インターフォンが怖いのだ。

その理由を、これからご説明する。

以前、TOブックスから上梓した、「お化け屋敷で本当にあった怖い話」の前書きで、子供時代に体験した不可解な出来事を、少しだけ書かせてもらった。

私が小学校三年の頃の話だ。

下校途中、会ったこともない中年女性から声をかけられたのだ。

その中年の女性はいきなり「あなた、かわいそうね」と、話しかけてきた。

私が戸惑っていると、「でも、いつか会えるわよ。元気出して」と、更に不可解な励ましの言葉を残し、立ち去ってしまった。

帰宅し、家族にその中年女性の特徴を話したが、誰も心当たりはないと言っていた。

けれども、ほどなくして私はその中年女性の謎の言葉の意味を理解した。

あの女性から話しかけられてから二週間後、母親が家を出ていってしまったのである。

私が育った環境は、機能不全家族であったといってもいいだろう。

祖父母と父が都心で手広く商売をしていたので、家は比較的裕福なほうであった。

そのため父は忙しく家にいなかったことが多かったため、今から思えば私の母は寂しさを感じていたと思う。

加えて、同居もしていた祖父母も多忙を極めていた。祖父は誰に対しても優しかったが、気の強い祖母はよく母に対して、良く言えば立派な嫁に育てるための教育、悪く言えば嫌味、といういじめを繰り返していた。

仕事でのストレスを、母にぶつけていたのかもしれない。

子供の頃は分からなかったが、兄に比べて出来の悪い私のことで注意を受けていたのだ。

ワンオペに近い育児、祖母を頼ろうにも頼り辛い事情、父と話し合いをしたくても、なかなか時間が取れないジレンマ。

そんな母のストレス解消の矛先はごく自然に、最年少で不出来だった私へ向けられることとなった。

そして母は弱く、自分の孤独感や不安を男の人を頼ることで埋めてしまう、その手のタイプの女性であった。

知りたくもない真実はあとから知ってしまうもので、私が高校生のときに「母は家を出る前に、何回か浮気をしていた」と、祖母から教えられたのである。

前置きが長くなったことを、ご容赦願いたい。

祖母から母の過去を教えられたとき、私はショックを受けたというよりかは、そうかもしれないと考えてしまった。

実は、その半年ほど前に、私の本当の父であると名乗ってきた男性がいたのだ。

顔を見たこともない中年の男性であった。

当時、通っていた塾が終わって建物から出たとき、ふいに男性に呼び止められた上にそんな告白をされたのだ。

高校生という多感な時期ということもあり、私は恐怖に駆られ全速力で走って逃げたのを覚えている。

女子高生を狙った変質者だったのかもしれないが、小学三年時の出来事を鮮明に覚えていたこともあり、祖母から母の話を聞くまで心の中で引っかかっていた。

それでも私は、そんなはずはないと忘れようとした。

事実、あのことがあるまでは、思い出すこともほぼなかったように感じる。

それは社会人になりたての頃のある日、ほかの家族は皆、それぞれ用事があり、夜遅くまで帰宅していなかった。

私が一人でテレビを観ていると、インターフォンが鳴った。

こんな夜遅くに誰だろうと画面をみると、塾帰りに声をかけてきたあの中年男性であった。

もしかしたら私の勘違いかもしれないが、それにしてもよく似ていたのである。

恐怖を感じた私は居留守を使い、一切対応しなかった。


それ以来、私はインターフォン恐怖症になってしまったのだ。

またあの男が来るかもしれない、と。

この歳になっても、未だにチャイムが鳴るとつい身構えてしまう。

事の真相は分からないが、私のたった一人の父は、あの中年男性ではないと信じている。

チェンジ・ザ・ワールド

「私、中学二年のときに、発達障害って診断されたんです」

のっけからいきなり告白された。

取材をする場所を決める際に「人気《ひとけ》のない町の古ぼけた喫茶店で」との指定が彼女からあり、また、取材途中で話を遮るような質問はしないでほしいとも要望されたのは、そういう理由があったからなのかと、合点がいった。

莉子《りこ》さんは物心ついたときから、周囲からよく〈変わっている子〉だと言われていたという。

「実は聴覚過敏と光過敏の症状がひどくて……。自分が普通の人と違うと気づきはじめたのは、小学校に入ってからです。保育園のときはお遊戯の時間とかでも、苦手ならやらなくてもいいって先生が言ってくれましたから。集団行動するときは、静かな部屋でずっと絵本ばかり読んでました。でも、小学校になると、そうもいかなくなって」

昔から、大勢での会話が苦手であった。友達と話していても、途中から人数が増えると話している内容が途端に分からなくなる。

また、車の通りが激しい大通りや人混みの中を歩くのも、心身ともに疲れてしまう。

授業中も、ひとたび男子生徒が騒ぎ出すと集中できなくなり、授業が再開されてもすでに集中力が切れているため、ついていけなくなるそうだ。

「聴覚が過敏すぎて、大勢と話していると誰がどの発言をしたのか分からなくなるんです。二人きりで話していても、周りがうるさかったら内容が入ってきません。周囲の雑音と混じってしまうから。バスやトラックの走る音も、怖いんですよね。私にはライオンみたいな猛獣が吠えているように聞こえてしまって……」

室内を暗くしてスクリーンを見る映画も苦痛を伴うそうだ。蛍光灯などの明るい光も、見続けてはいられない。

「騒音も光も、私にとっては苦痛でしかないんです。頭が混乱して集中できなくなると、ボーッとしてしまうんです。だから、声をかけられてもすぐに反応できなかったり、生徒が騒いでいる中、宿題のことを言われたりしても私には聞こえていないので、提出できなかったりしてよく怒られていました。通信簿にはいつも、注意力散漫、忘れ物が多い、協調性がない、と書かれていましたね」

頭の中では分かっていても、みんなが当たり前のようにできることが、自分にはできない。莉子さんは小さい頃から、劣等感にさいなまれ孤立するようになった。

「同級生からもいじめを受けていました。特にひどかったのが、小四から中一にかけてです。集団行動の中ではどうしても浮いてしまうし、誤解もされやすいんです。テレビも長時間観れないから、話題についていけず、いつも仲間外れでした」

いじめが辛く、莉子さんは何度も不登校をくり返した。

そんな彼女にとって、本を読むことが唯一の楽しみであった。

莉子さんは成長するにつれ、児童文学だけではなく様々な分野の本を読むようになっていった。

そのおかげで彼女が中学一年のときに、発達障害で治療を受けながら社会で頑張って働いている人が書いた本に出会ったという。

その本に登場する作者の症状は、莉子さんのそれとよく似ていた。

もしかすると自分もそうなのかもしれないと、莉子さんは母親に病院につれていってほしいとお願いをしたそうだ。

「でも、母は頑《かたく》なに反対しました。莉子はそのままでいいのって……。そのときは、とてもショックでしたね。母は私が苦しんでいるのを一番理解してくれてると思ってましたから。毎日励ましてくれていたんです。いつもは優しいですよ。辛くて学校に行きたくないときは、休んでいいって言ってくれるし」

母親に本を見せて、私も治療を受ければ楽になると、みんなと同じように過ごせるかもしれないと強く訴えても無駄であった。

母親は悲しい顔をしながら、黙って首を横に振るだけだったという。

副作用のことが心配なのかと聞いてみても、どうもそうではないらしい。

病院に行くことがなぜ駄目なのか、その明確な理由も話してはくれないので、ちゃんとした話し合いもできなかった。

母のことが信頼できなくなった莉子さんは二か月以上、口を利かなくなった。

母から話しかけられても、彼女は目も合わせなかったという。


ある夕方のこと。

莉子さんが自分の部屋で引きこもっていると、家のチャイムが鳴った。

今、母は夕飯の材料を買いに行って家にはいない。

応対するのは苦手であったが、彼女は重い腰を上げインターフォンの画面を見た。

そこに映っていたのは、にこにこと笑っている父方の祖母であった。

「嫌な人が来ちゃったって、憂鬱になりました。祖母は母と私のことを嫌っていましたから。しばらく会ってなかったし、また嫌味でも言ってくるんだろうなって思ってましたね」

そんな祖母は開口一番、こう言ったという。

「莉子ちゃん、病院行きたいんだって。お祖母ちゃんがつれてって上げる」

祖母は莉子さんが病院に行きたがっているのを、父親から聞いたらしい。母親が反対していることも知っていたので、「お母さんには、内緒にするからね」とまで約束してくれたのだ。

彼女の心は揺れた。

今まで祖母からは散々、嫌な態度を取られてきた。それなのにこの態度の変わりように、驚いたこともある。

そして、私以上に、母は祖母からいじめられてきた。私が祖母と病院にいったことがもしバレたら、母が悲しむかもしれない……。

心配や不安の感情が顔に出ていたのだろう。

莉子さんを安心させようとしたのか、祖母は穏やかな声で「みんなと同じように、元気になってほしいの」と伝えてきたという。

みんなと同じ……莉子さんは、この言葉にとても惹かれた。

自分でも強く望んでいることであったが、実は祖母も私に普通になってほしいと思っているのかもしれない。

昔、祖母が母親にむかって「あんな出来損ないを産んで」と、ひどい言葉を投げつけたことがあった。莉子さんはそのとき、隠れてこっそり聞いていたという。

私が普通の子になれたら、祖母も母に対して意地悪をしなくなるかも。

莉子さんはそう思いなおして、祖母と病院にいくことを約束した。

病院の予約状況はいっぱいで、三週間後に入れられた。

その間、父を通じて母にバレるのではないかと心配したが、父も祖母から口止めされていたのだろう。母は全くこの状況に気づかず、父からも「安心して行っておいで」と告げられた。

そのとき父と話したのだが、父も母が反対する理由が分からないと、困惑していたそうだ。

「やっと三週間経って、病院を受診できました。ＡＤＨＤ（注意欠陥・多動性障害）とＡＳＤ（自閉症スペクトラム障害）と診断されました」

ストラテラという薬を処方された。この薬は長期間内服しないと効かないと言われていたが、莉子さんは二週間程度で効果が現れたという。

「朝起きて、しばらく経ってから気がついたんです。今日は外の騒音が聞こえないって。みんなが普通に生活している世界って、こんなに静かなんだなあって感動しちゃいました」

騒音も光も気にならなくなった。集中することができ、大勢の中でも友達や先生の話していることが理解できるようになり、毎日が楽しくなったそうだ。

ただ、気がかりなのは母のことだ。

母親にはまだ秘密にしていたのだが、莉子さんのちょっとした変化に気がついているようで、不安げな顔で彼女を見ていたという。

「私が明るくなって父も祖母も喜んでたのに、母だけは違ったんです。だから私、母の気持ちが分からなくなっちゃって。本当は私のことが嫌いなんじゃないかって、疑うようになりましたね」

しばらく経ったある日の夜。

莉子さんが自室で寝ていると、誰かの足音で目が覚めてしまった。

それは、ひたひたひたひた、と莉子さんの部屋の前を行ったり来たりしているようだった。

お母さん、と声をかけようとしたが、止めた。直感としかいいようがないのだが、母でも父でもない、嫌な気配を感じたからだ。

黙っていると今度は、トントン、トントン、と繰り返しドアをノックされた。

応えようか迷っていると、母の声で「莉子ちゃん」と、ドア越しに大き目な声で呼びかけられたのだ。

どう聞いても母親の声なのだが、母はこんな夜遅くに起こすような人ではない。

それに聴覚過敏である莉子さんを常に気にして、大きな声で名前を呼んだこともなかったのだ。

莉子さんの変化に気がついている可能性も考えたが、何事にも慎重な母親が、病院を受診したかどうかも確認もせずに大きな声を出すことは考えられなかった。

恐ろしくなった莉子さんは、蒲団を頭からかぶり寝てしまおうとした。

だが、ドアの向こうの「莉子ちゃん」という呼びかける声は朝まで続き、彼女はまんじりともせず、蒲団の中でひたすら耳をふさいでいたという。

異変はそれだけではなかった。

道を歩いているときでも「莉子ちゃん」と、急に声をかけられるようになった。

その声は同級生だったり、家族であったり、まちまちだったという。

莉子さんは薬のおかげで集中できるようにはなったが、薬を服用していなかった頃からの癖がぬけていないのか、すぐに声を出すことができず、ワンテンポおいてから振り向いていた。

けれども声をかけられ振り向くと、いつもそこには誰もいなかったそうだ。

何かがおかしい……ここ最近続けて起きている夜中の足音と、自分の名前を呼びかける声は、薬が効いてから聞こえてくるようになった——。

莉子さんはしばらく考え、病院に行くことを頑なに反対していた母なら、何か知っているのではないかと思いあたり、思い切って相談してみることにした。

「二人だけで話したいことがあるといって、母に私の部屋に来てもらいました。毎日声をかけられること、夜中の足音の話をしました。祖母と一緒に病院に行き、薬を飲んでいることも。そしたら母が祖母のこと、急に怒り出したんです。勝手なことしてって。普段穏やかな母があんなに怒ってるとこ、はじめて見ましたね」

母親が落ち着いた頃、話さないといけないことがあると莉子さんに言ってきた。

「あなたが、まだ赤ちゃんだったときの話よ」

予想外な発言に戸惑いを感じた。怖い音と声の正体と、私の障害のことではないのか。

混乱する莉子さんをよそに、母親は長い話をしはじめた。

「ベビーベッドであなたが寝ているときにね、同じ部屋でお母さんもつい、寝てしまったの」

それはうたた寝に近い状態であった。ベビーベッドのほうを向きながら、まどろむなか、自分が寝ているすぐ横を人影が通るのを、ぼんやりと眺めていたそうだ。

はじめは夫かと思った。その人影はベビーベッドをのぞき込み、ぶつぶつと何やらつぶやきだしたという。

せっかく寝かしつけたのに、赤ちゃんが起きちゃう。

自分の身体を起こそうとしても、日頃の睡眠不足と疲れのせいか、まぶたと身体が重くて、なかなか起き上がることができなかった。

眠気と格闘しているうちに、その人影の輪郭が徐々にハッキリしてきたという。

それは、どこか妙であった。

夫だと思っていた人影は、意識がはっきりするにつれて大きくなっていった。

おかしいと思い、無理矢理上体を起こすと、その巨体が振り向いたのである。

鬼の顔だった。

真っ赤な皮膚に飛び出た角、鋭い眼光の下には、口からはみ出た牙が天に向けてそそり立っている。

この鬼、この子をつれ去る気だ。

奪われるわけにはいかないと夢中で飛び起き、ベッドから我が子を抱き上げ、全力で逃げた。

行く当てなんてなかったが、気がついたら自分の実家の墓がある菩提寺にいたという。ご先祖様が導いてくれたのかもしれないと、すぐに住職に相談した。

「呪い、ですな」先ほどの出来事を聞いた住職は、そう答えた。

「呪いですか……」あまりの言葉に呆然としていると、住職はうなずき、続きを話し出した。

「鬼に追いかけられる呪いです。この子が鬼の呼びかけに応えると、つれていかれます」

「つ、つれていかれるって、どこに」

「地獄です。つれていかれないためには、鬼の行動や声に、返事をしないことです。鬼は声色を変えてきますので、普通なら無理でしょうな。ただ、呪いで作られた鬼なので、子供に触れることはできません。声も聞こえなくする術があります……この子に苦しみを与えることになりますが」

住職がいう術とは、鬼の声や行動に気がつかないよう、聴覚と視覚を過敏にすることだった。

「母さんね、散々迷って、あなたの命を救うほうを選んだの。莉子ちゃんに、生きていてほしかったから」

「私に、呪いをかけたのは誰なの」

莉子さんはあまりの話に呆然としながら、母親に尋ねた。

「分からない……一人だけ心当たりはあるんだけど……」

母親はそういったきり、口をつぐんでしまったという。

「私は、祖母が呪いをかけたと思っています。私が薬を飲むのを止めたら、飲みなさいって怒鳴ってきましたから」

莉子さんの祖母は息子を取られた悔しさから、彼女の母親のことをずっと憎んでいたらしい。

「父の血が入っていても、私の顔は母親似だから気に入らないんだと思います。孫のなかでも、私が一番ひどく扱われていますし。多分、私が死ねば、母が病んで離婚になるって計算していたのかもしれません」

薬を止めて七年になる莉子さんは、今は発達障害に理解のある職場で働いているという。

「イヤーマフや遮光眼鏡の使用を認めてくれるので、助かってます。皆さん気を使ってくれますし」

私は取材中、黙って聞いているだけに徹した。莉子さんが要領よく話してくれたので助かった点も多い。


そんな彼女は帰り際、こんなことをつぶやいた。

「生きていてほしかったって、母の気持ちは嬉しいです。でも、こんなに苦しいのに、生きてる価値ってあるのかなって、ときどき考えてしまうんです」

彼女の置かれている環境は壮絶すぎて、私は気の利いたことも言えずに解散した。

私が莉子さんの母親の立場なら、どうしたかを考えても正解は出ないだろう。

莉子さんは母親を愛しているが、親のエゴで生かされているとも考えているようだ。

愛と憎しみは紙一重とよくいわれるが、相反する情念が深く濃くなるほど人は辛くなる。

歩んできた人生は違うが、複雑な家庭で育った私は、彼女の気持ちが少しだけ分かるような気がするのだ。

ここで話は変わる。

彼女の感覚過敏は呪いを受けないため、術によって作られたものだ。だが、薬を飲むことでかかった術がとけるなら、呪術というものは、人間の脳に影響を及ぼす、ということなのだろうか。

心は脳なのだから、あながち間違いではないだろう。

もしかしたら将来、薬で呪い返しができる時代がくるかもしれない。

私にとって、色々と考えさせられる取材であった。

感情移入

「半端なくキツいですよ。重労働の上、睡眠時間は短いし、丸一日休める日なんてありませんからね。よく卒業まで頑張ったって、自分を褒めてあげたいです」

そう笑って話すのは、新聞奨学金制度を使い、大学を卒業した富山《とみやま》さんである。

約十五年前の話である。

朝夕の新聞配達をしながら大学に通っていた富山さんは、毎日超多忙を極めていた。

朝は二時台に起きて販売所に行き、すぐに大量の新聞をバイクに積んで配り回るのだ。

配達する場所で特に大変だったのが、エレベーターのない団地やマンションだという。

一階のエントランスにあるポストに入れていいのならまだ楽なのだが、新聞は集合ポストではなく、各部屋のドアのポストに入れること、という決まりがある建物もあるそうだ。

「一度、配達エリアが変わったことがあって。そこ五階建てのマンションなんですけど、エレベーターがないうえに、部屋のドアのポストに入れないといけないところだったんです。はじめは苦痛でした。でも、あることがきっかけで、そこに配達するのが唯一の楽しみになったんです」

いつの頃からか分からないが、そのマンションの玄関の外には、髪の長い可愛い女の人が毎朝佇むようになっていた。

誰かが出てくるのを、待っているのだろうか。

来る日も来る日もその女性は、悲し気な表情で玄関の外から中を見つめていた。

「実はそのとき、私も失恋したばかりだったんです。高校から付き合って、一緒に東京の大学に出てきたんですけどね。私が忙し過ぎて、ほとんど会えなくなってしまって……」

彼女から、他に好きな人ができたと別れを告げられた。

富山さんは諦めきれず、話し合いたいと彼女に電話やメールをしたが、全て断られてしまったという。

マンションの外で誰かを待っているその女性を見て、自分と重ねたのだろう。

富山さんは、何日も彼女の姿を見ているうちに惚れてしまっていたらしい。


梅雨の時期を迎えたある日のこと。

その日は大雨注意報が出ていた。

夜中から土砂降りの雨となり、風も強く、今日はいくら何でもいないだろうと考えていたら、彼女はいつも通り玄関の外から、中の様子を眺めていた。

そのマンションには入口にひさしがついていた。それでも吹く風は強く、彼女はびしょ濡れになりながらも、ひたすら誰かを待っているかのように佇んでいるのだ。


こんな日にもあんな可愛い子を待たせるなんて。


無性に腹が立った富山さんは、まず彼女にタオルを貸そうと「あの」と話しかけた。

するとその女性は、ゆっくりと振り向いた。

「あなた、私のこと視えるの」

思いがけない言葉に、富山さんは戸惑った。

「視えるなら、あれ、はがしてきて」

彼女が指さす方を見ると、壁にお札が貼られていたという。

「あれ、はがさないと、入れないの」と話す彼女の両目は、だんだんと外側に寄ってきていた。

富山さんは、全速力で逃げ出したという。

そして変更されたばかりの配達エリアも、また変えてもらったそうだ。

深爪

「いい加減だったんだよ、みんな」

きっかけは深爪だった。

ある休日、福本《ふくもと》さんは銭湯帰りに屋台で軽くひっかけ、ほろ酔い気分でアパートに帰ってきた。

明日からまた仕事だ。面倒だが、早起きしなくてはならない。

このまま寝てしまおうと蒲団を敷いていると、足の爪が伸びているのに気がついた。忘れないうちに切っておくかと爪切りを持ち出した福本さんだったが、最近太ったこともあり、腹がつかえて切りにくい。

不安定な上に酔いが醒めないまま切っていたせいか、手元が狂った。

右足の親指の爪を深く切り過ぎ、出血したのだ。畳の上に血がポタポタと落ちていく。

軽く舌打ちをして、部屋の隅に寄せたちゃぶ台の上に置いてある布巾を取ろうと手を伸ばした。

早く拭いてしまわないと。

血が染みついて、将来ここを出ていくときに文句を言われては敵《かな》わない。

「ぐ」

思わず、変な声が出てしまった。

畳の上に落ちていた、絵具で小さく○《まる》を書いたような血の滴《しずく》が、目の前ですーっと畳に吸い込まれるように消えていったのだ。


二回目のときは鼻血だった。

福本さんは当時、とあるビルで警備員をしていたのだが、この日夜勤から日勤への引継ぎの際、同僚である岩原《いわはら》という男と口論になってしまったという。

岩原の勤務態度はとても褒められたものではなかった、一緒に組んで夜間の見回りもしたことがあるが、岩原は始終眠たそうに欠伸をするばかりでやる気はなく、日報の作成などの面倒な仕事はこちらに押し付けて帰ってしまう。遅刻や急な欠勤も多く、なぜ首にならないのかと不思議であったが、専務の甥だと噂で聞き、そのときは妙に納得したのを覚えている。

岩原は同僚だけでなく現場を管理する警備長、すなわち自分たちの上司にも横柄な態度を取っていた。それでもなぜか「あいつなら仕方ない」と、許されていたのだ。

大学を中退し、どこで働いても首になる。家でゴロゴロしているだけの甥を心配し、自分の会社の警備員にさせたという噂は、本当なのであろう。厭な奴だ。

そして今日もまた、岩原は二十分ほど遅れて出勤してきた。

こちらの注意もどこ吹く風といった悪びれない態度に、とうとう堪忍袋の尾が切れた。激しい口論になり、ついには殴り合いの喧嘩にまで発展してしまった。

他の同僚たちに羽交い絞めにされ、何とか喧嘩はおさまったものの、帰り際の岩原の捨て台詞が忘れられない。

「お前、明日呼び出しくらうからな。覚悟しとけよ！」

専務にでも言いつけるつもりなのか。

俺を首にしろとでもいうつもりなのか。

それならこっちから、辞めてやるよ。

苛つきながら、溜まっていた食器を洗っていた。

古いつくりのせいでシンクの位置が低く、腰をかがめないと洗えない。それが辛くてついさぼってしまう。だが、考えごとをしていたおかげか、いつもより時間が経つのが早く感じた。あとは泡を洗い流して終わりだ。


ポタ、ポタ、ポタ、ポタ。


シンクに鼻血が垂れた。岩原に顔面を殴られたときも出たが、止血したはずだった。

くそっ、ティッシュはどこだっけ。鼻を押さえ、離れようとしたら気づいてしまった。

したたり落ちた血溜まりがまたたく間に直線状になり、渦を巻きながら排水溝へ流れていった。

蛇口は固く閉じられ、水を流していなかったのに、だ。

ゴボゴボゴボ。

全部流れ終わると、「ご馳走様」とでもいうように音が鳴った。

決定的な瞬間を見てしまったのは、それから約半年後のことである。

あれから結局、岩原との喧嘩の件は大ごとにはならず、逆に彼と業務がかぶらないよう警備会社側が配慮してくれるようになった。

お陰で収入が途絶えることは免れ、幸か不幸かこの不可解な現象が起きるアパートを出て行かずに済んでいたのだ。

そしてこの日、福本さんは昔馴染みの荒川《あらかわ》から、夫婦喧嘩の仲裁に入ってくれと頼まれた。

荒川の奥さんは嫉妬深く、束縛するタイプの女だった。

仕事の接待や付き合いで、スナックやキャバレーに行くことも禁止されていた。発覚すると大きな声で泣きわめき、物を投げつけ暴れだす。

そのせいで荒川は営業職から事務職に転職し、浮気防止のため仕事中でも、一日三回は家に電話をかけさせられているというから、始末に負えない。

「今度は何がバレたんだ」と聞くと、他の女に手を出したと言いづらそうに教えてくれた。女とはすぐに別れたが、それでも奥さんの怒りは止まらず、日々大喧嘩を繰り返しているとのこと。

そのせいで、近隣住民からクレームも来て困っている。どうにか助けてくれと頭を下げられたが、色恋沙汰なら力になれないと、やんわり断った。

しかし荒川が、家に帰りたくない、せめて今日だけでも泊めさせてくれというので、仕方なく彼を家に連れて帰ることにした。

荒川と二人、家で呑んでいると奥さんが乗り込んできた。外で騒がれると困るのでやむを得ず部屋に入れてしまったが、これが間違いだった。

二人は家に帰る帰らないの口論になった挙句、激高した荒川が『離婚』の二文字を口走ってしまったのだ。

そのあとは一瞬の出来事で、「あっ」と声を出したときには、もう遅かった。

自分のハンドバッグから素早く包丁を出した奥さんが、荒川に切りかかったのだ。

福本さんが止めに入ったため、荒川は腕を切られただけで済んだが、それでも流れた血の量は壮絶であった。

警察での事情聴取は長時間かかり、終わった頃にはもう夜が明けていた。

帰りしな、荒川のことも心配ではあったが、家に帰ったときの状況を考えてみた。

包丁でスパッと腕を切られ、飛び散ったおびただしい血は、もう綺麗になっていることだろう。それが自然に想像できる。

この頃になると、〈血を吸う部屋の存在〉に慣れてしまっていたのだ。

なぜ部屋そのものが血を吸うのか理由が分からないが、特に身の危険があるわけでもないし、掃除する手間も省けると放っておくうちに、いつの間にか恐怖心はなくなっていった。

そんなことを考えているうちに、アパートに着いた。

鍵をあけてドアを開くと、ぴちゃぴちゃぴちゃ、と不思議な音がする。

嫌な予感がして部屋にソーッと上がってみた。

福本さんの住むこの部屋は、玄関を上がってすぐ左横に狭い台所があった。

台所と和室を仕切っているのは、曇りガラスでできた引き戸。

その引き戸に、巨大な蛙が張り付いていたのだ。

巨大な蛙は和室の方から張り付き、しきりにガラスについた血をなめていた。

が、正確にいうと、蛙ではなかったのだ。

驚愕のあまり、声も出せずにいた福本さんがよくよく見ると、緑色のワンピースを着た女であったという。

曇りガラスの引き戸のせいで輪郭がぼやけて見え、蛙だと勘違いしたのだ。

その女は長い長い舌を出し〈ぴちゃぴちゃ〉と音を立てながら、夢中でガラス戸についた血を舐めとっていた。

「俺は驚いちまってさ、頭のおかしい女がいるぞって、下の階の大家の部屋に飛び込んだんだ。大家もびっくりして、慌てて俺と一緒に部屋に戻ったんだよ。そしたら、もうその女は消えていなくなってたんだ」

大家さんに、くだんの女の特徴を話してみた。

「そしたら大家の奴、ガタガタと震えだしてさ。例の女のこと、前にこの部屋にいた住人だっていったんだよ。聞いたら鍵は前から交換してねえって話だったから、俺はそいつが鍵を使って泥棒に入ったんだと考えたんだ。で、警察に電話しようとしたら、大家が止めたんだよ。もうその女、死んでるからって」

俺が住んでた部屋で、手首を切って自殺したんだと。

福本さんは契約時に知らされていなかったが、事故物件だったのだ。

「あの時代は、今と違っていい加減なことが多かったんだよ。借りるときに知らされる人なんて、いたのかどうかも怪しいもんさ。血を吸う部屋なんて面白えじゃねえか、なんて呑気に考えてたけど、まさか女の幽霊の仕業だったとはなあ。手首を切って自殺したってんだから、血が足りなくて欲しかったのかもな」

福本さんはそういって笑っていたが、私は少しだけ背筋が寒くなった。

万が一、その女が血をもっと欲しがりエスカレートすれば、福本さんにわざと怪我を負わせることや、その果てには殺害されてしまう……なんてことも、ありえたかもしれない。

福本さんにその旨を伝えると、「そう言われてみれば、あの部屋に住んでいた頃、怪我が多かったような気もするなあ……」と、青くなっていたことも記載しておく。


一九六八年、浅草のアパートでの出来事だという。

マッサージチェア

東京在住の横川《よこかわ》さんという男性から聞いた話である。

数年前、横川さんは近所にあるお気に入りの銭湯に足しげく通っていた。

大正終わりに建てられた宮型造りの風情のある外観、広々とした浴場には壮大な富士山のペンキ絵と、あつ湯、ぬるま湯、薬湯の三種類の浴槽があり、毎日の営業で疲れた身体を癒すのにうってつけの湯であったという。

しかもいつ行っても空いている。

これは通わない手はない。

週末ごとにその銭湯へ足を運んでいた横川さんはやがて村山《むらやま》、三谷《みたに》という常連客と顔なじみになった。三人とも銭湯好きというだけで、互いの住所も連絡先も知らない気楽な付き合いであった。

たまに都合が合えば、ひとっ風呂浴びたあと、近くの居酒屋であの銭湯はミストサウナがついている、そこのジェットバスは肩こりに効くなど、都内の銭湯情報を交換したりもした。すでに定年退職していた村山が一番詳しかったという。

そんなある日のこと。

先にあつ湯に入っていた横川さんは、この日はいつもよりのぼせるのが早かったという。湯の温度が妙に高い気がした。

だが、浴槽についている温度計を見ても、普段と同じ温度だった。

同じ浴槽に入っていた三谷に聞いても、熱すぎるとは思わないとのこと。

疲れがたまって体調が悪いのかもしれない。今日は早めに上がるか。

三谷より先に風呂から上がり、しばし休憩していると、あとから彼もやってきた。

体調が悪いのかもしれないと話すと、三谷はマッサージチェアを勧めてきた。

この銭湯の男湯にはマッサージチェアが二つあり、一つは旧式、一つは最新式のものであった。

「具合が悪いんだろ。俺は旧式でいいから、最新式のほうに座ってよ」

三谷からそう席を勧められた横川さんは、遠慮なく座ったという。

首振り扇風機の心地よい風を浴びながらチェアに身をゆだねて数分。全身をくまなく揉まれていた横川さんは、ついウトウトし始めた。

——あれ

寝てしばらくすると違和感を覚えた。

目の前には真っ暗な闇がひろがり、身体が燃えるように熱い。

そしてやわらかいマッサージチェアに座っていたはずなのに、今は熱を帯びたアスファルトに横たわっているかのような、硬い感触があった。

おかしいと思い、目を必死に開けようとしても開かない。

横川さんは無理矢理起き上がろうともがいてみたが、身体はピクリとも動かなかったそうだ。

そうこうしている間に、全身汗でびしょ濡れになっていく。

涼しかった扇風機のそよ風は熱風に変わり、容赦なく彼の身体を打ちつけてきた。

喉はカラカラに渇き、とうとう激しい頭痛と吐き気を催してきたという。


このままだと、干からびて死ぬ。

助けを求めようと死に物狂いで横川さんが手を伸ばした瞬間、視界が〈くにゃ〉とゆがんだ。

ゆがんだあとには天井が目の前に広がり、そこからぶら下がっている裸電球に向かって誰かが手を伸ばしている光景が見えたという。


「横川さん！」

三谷の呼ぶ声がし、ハッと横川さんは目が覚めた。

横川さんが寝入ったとたん、苦しみだしたことを心配した三谷がすぐに起こしたのだ。

長時間、地獄のような熱さに苦しんだはずなのに、まどろみ始めて二、三分しか経っていなかったそうだ。

そして汗一つかいていない。

やはり疲れがたまっていたらしい。

横川さんは体調がすぐれないせいで妙な夢を見たと、そのときは気にせずにいた。


それから一週間後。

いつものように銭湯に行った横川さんは、血相をかえた三谷からこんな話を聞いた。

「村山さん、家で孤独死したんだって。どうやら〝熱中症〟らしい」

五日前、散歩中だった三谷が、とある民家の前にパトカーと救急車、そしてその様子を見物する野次馬たちを見かけたそうだ。

人だかりから漏れてくる声によれば、一人暮らしの老人男性が、恐らく熱中症で亡くなったのだろうということだった。

孤独死とは、なんて痛ましい……。

ふと、その家の表札を見た三谷は驚いた。

彼の目に飛び込んできたのは「村山」の文字だったという。

まさかと思いつつも気になった三谷は、その老人の隣人であるという主婦に、孤独死した老人のことを聞いてみた。

亡くなったのは、あの村山で間違いなかったそうだ。

「噂好きな奥さんでね、つい昨日も会ったときに、また話を聞けたんだ。亡くなったのは一週間前らしいよ。ほら、横川さんが体調悪くなった、あの日」

「え」

「だから検視の結果、村山さんが亡くなったのは、横川さんが体調悪くなった日だって」

同じ日だから、何か関係あるかもしれないよ。

最近、顔あわせないなって心配してたんだけど、まさかあの村山さんがねえ。


三谷は冗談半分で話を続けていたが、横川さんの耳にはあまり入ってこなかった。

それよりも嫌な予感が頭の中を占めていたのだ。


マッサージチェアでウトウトしていたときに味わった灼熱地獄。

そしてあの最新式のマッサージチェアは、いつも最年長である村山さんが使っていて、村山さん専用特等席といっても過言ではなかった。

ひょっとしたらあのとき感じた、身体が燃えるような熱さは、村山さんからのSOSではなかったか、と直感したという。


横川さんはあつ湯につかっているはずなのに、ガタガタと震え始めていた。

三谷の話は続いていたが、そのときの横川さんはずっと一つのことが気になっていたという。

それは、亡くなった村山の部屋には、裸電球がぶら下がっていたのかどうか。

三谷に聞いても分かるはずもなく、かといって自分で確かめに行く勇気もなかった。

だが、彼の脳裏には、未だにあの裸電球が生々しく焼きついているそうだ。

そして、その裸電球に向けて伸ばしていた手。

自分の手だと思い込んでいたが、いま思い返してみると、妙に節くれだった老人の手であったような気がするのだ。

もしかすると、助けを求め村山さんが伸ばした手ではないか、と。

八月の暑い、暑い夏の盛りの話である。

不動産屋と神社

不動産会社に勤務経験のある浜田《はまだ》さんから伺った話である。

彼は新人時代、店舗のカウンターで、とある男性客の相談に乗っていた。

なるべく家賃の安いところを探しているという男性に物件を紹介していったが、お眼鏡に適う部屋はなかなか見つからなかった、
というのもその頃、引っ越しが盛んな時期はとうに過ぎていたため、めぼしい物件はほぼ埋まっている状態であったからだ。

男性客にも物件情報が載っているファイルを渡し、二人がかりで探していると、「ここ、すごくいいですね」という声が聞こえてきた。

内容を見ると駅から徒歩十分の築浅《ちくあさ》マンション。間取りは2DK、バス・トイレ別で家賃は破格の三万円代だった。

ご想像の通り、事故物件である。

「前の住人がその部屋で首を吊って死んだんですよ。もちろん、お客さんにはちゃんと伝えました。でもそんなの気にしないから、見たいってことになって。ま、私もあの頃は、幽霊なんて信じていませんでしたから、普通に案内したんです」

物件は五階建てのマンションの二階、しかも角部屋であった。

ダイニングキッチンを挟んで一つは和室、もう片方の部屋は洋室であったという。

全ての部屋がリフォーム済みで、人が自殺したあととは思えないほど綺麗だった。

内見したこのときは、夏の暑い盛りであったそうだ。

むわっとした部屋の空気を入れ替えるために、浜田さんは入ってすぐにダイニングキッチンの窓を開け、そのままにしておいたという。

男性客はしきりに、「いいですね、いいですよ、ここ」と、興奮気味に繰り返しながらクローゼットや押入れ、果てはシステムキッチンの収納扉まで開けて見ていたそうだ。

よほど気に入ったらしく「もう、ここに決めちゃいます」と、ほぼ即決であった。

契約するため店舗に戻ることになり、まずは開けたままの窓を閉めようとした、そのとき、
ダン、バンッ！　と、大きな音が室内に響き渡った。

一瞬、二人とも何が起きたのか分からなかったという。

数秒だろうか、浜田さんが驚いて立ち尽くしていると、目の前の窓が閉まっていることに気がついた。

「情けない話、あの音がしたときは、まだ窓を閉めようとする前だったことを思い出しましてね」

なぜ窓が勝手に閉まったのか分からぬまま呆然としていると、男性客が血相を変えて和室から飛び出してきた。

「あ、あの……今、押入れの襖が目の前で、いきなり閉まったんですけど……」

先ほどの大きな音がする前、男性は襖を閉めようと手を伸ばしかけていたらしい。

「わ、私も今、同じことが……」

浜田さんも窓に指をさしながら口にした。

二人は顔を見合わせると、脇目もふらず部屋から逃げだしたという。

「幽霊って本当にいるんだなって。あれ以来、その手の部屋には人一倍気をつけるようになりましたね」


そんな浜田さんが管理職になった頃は、まだバブル全盛期であった。

会社の業績も右肩上がり、社長は儲けたお金で自社ビルを建てたという。

新社屋移転に合わせて中途採用者も多く募り、全国に店舗数を増やそうと計画。

ビルの屋上に立派な神社も建立《こんりゅう》し、『目指せ、上場！』をスローガンに社員も一丸となって、皆今まで以上に生き生きと働きだし、社内は活気づいていた。

だが、数か月がたった頃、異変が起きはじめた。

体調不良を訴え、早退したり休みを取ったりする社員が増えていったのだ。

それは浜田さんの部署だけではなく、他も同様であった。

はじめの頃は一つの部に対して二、三人といった程度であったが、週を追うごとに体調を崩す者が増えていったという。

その頃、世間ではインフルエンザなどのような伝染する病も流行っていなかった。

多少の残業はあるが、浜田さんが所属する部では、具合が悪くなるほどの長時間労働を強いたこともない。

この異常事態に人出不足となった現場は火を噴き、会社内では大問題になっていた。

そのため役員全員で集まり、調査団を作った。浜田さんは調査する手伝いにも駆り出されたという。

「あのときは、そりゃもう大変でしたよ。人がいないから通常業務も兼任しなきゃならない。ほぼ家には帰れませんでした。とにかく原因を突き止めろって、社長が烈火のごとく怒ってましたし」

浜田さんを含む調査団の人たちは、まずビル自体を疑った。このビルに移ってから、具合が悪化した社員が増えたのだから。

建築会社を呼び出し、ビルを建てる際、健康被害が出るような材質を使っていないか確かめたところ、先方はたくさんの資料を取り出し丁寧に説明してくれた。

それにより、健康被害の恐れがある建材は基本使用されておらず、またどうしても使わないといけない場合は、法が定める基準値をきっちり守っていたことが分かった。


建物自体の疑いが晴れると、今度は過重労働や今でいうパワハラなどによるストレスが原因ではないかと思われた。

時間はかかったが全ての部署の管理職、一般社員までに聞きとりをした結果、こちらも何も問題が見つからなかったそうだ。

そうこうしている間に、調査団の中でも体調不良を訴える人が次々に出てきた。

浜田さんも、そのうちの一人である。

彼の症状は頭痛と吐き気だった。入院するほど重症ではないが、休憩を挟みながらでないと働けない状況だったという。

「私の場合は過労のせいもあるかと思うんですけどね……。でもそのあと、決定的なことが起きてしまったんです。私の同僚に猪口という男がいました。ほんと、気のいい奴でね……」

その猪口さんが、ビルの屋上から飛び降りてしまったのだ。

その日、猪口さんはいつものように出社し、普段通りに働いていた。午後からは取引先を回るためオフィスを出ていったが、先方に行くことなくその足で屋上まで上がり、飛び降りてしまったそうだ。

猪口さんのご家族に聞いても、特に自殺する理由は思い当たらないと言っていた。

「その事件があってから、会社を辞めたいという社員が次々に出はじめました。猪口が自殺する前から、このビルは呪われているとか、よくない土地に建てたんじゃないかって、社員の間で噂が流れていましたからね。私も幽霊の存在を新人時代の経験で知ってましたから、ビルの上にある神社に参拝しましたよ。悪い霊がいるなら追っ払ってくれって」

ここに来て、今まで心霊現象の存在など信じていなかった役員がやっと腰を上げた。ビルを建てた建築会社の社長の伝手を使い、ある祈祷師に来てもらった。

その祈祷師は建設業界の中では有名な方らしい。そのため、はじめて依頼したときは、向こう半年はスケジュールが詰まっていると断られたそうだ

浜田さんも含めて調査団の人たちは、祈祷師の力については半信半疑であった。が、今は緊急事態である。藁にもすがる思いで今回あったことを全て伝え、なるべく早めに来てほしいと再度お願いをすると、明日行くとすぐに返事をくれたらしい。

「祈祷師っていうから、神社の宮司さんみたいな、袴を着ている人を想像してたんですよ。そうそう、烏帽子をかぶっているような。でも、黒いスーツを着ていました。予想と全く違い、服装は普通でしたね」

当日、正面玄関で祈祷師をお迎えした役員たちは、まずは応接室に案内しようとした。だが、祈祷師はそれを手で制止し、玄関ホールをグルっと見回しただけで、問題は屋上にあると断言したそうだ。

浜田さんも一緒に屋上に行った。

祈祷師は脇目もふらずに神社へと向かい、本殿の周りを一通り見ると、こう説明しだした。

「パイプがありませんね。原因はそれです」

浜田さんは最初、祈祷師のこの言葉の意味が分からなかったという。

日本書記にも書かれているのだが、本来、神社は頑強な大地の上に建てなければならない。その理由は、どんな土地にも神様はおられ、その土地を守るために存在しているからである。

神社本殿はいわば、神様が住む家のようなもの。神様が住む場所なので、地面に接していなければならない。

接していなければ、神様はお住みにはならないのだ。

では、屋上に建立した他の神社はどうしているのかというと、中に土をぎっしり詰めたパイプを地面に通し、それを屋上の神社へとつなげているのである。

「神様ではない、妙なモノが入っています。お祓いをしたあと、神社を建て直したほうがいい」

それから祈祷師のお祓いを受け、神社は一度取り壊し、今度は正式な手続きを踏んで建立したという。

その後、会社では体調を崩す社員は劇的に減った。

「あの屋上にあった神社、社長が適当な業者に頼んで作ってもらったそうなんです。あの祈祷師さんの言う通り、本当に悪いモノが入っていたって分かりますよ。私、そのせいで弊害が出てまして……」

浜田さんはくだんの神社を参拝してから、悪いモノにとり憑かれやすくなったらしい。

会社での一連の騒動後、彼は結婚し、中古のマンションを買った。その部屋で、よく不可解な現象に見舞われている。

「目の前で急に茶碗が割れたり、洗面台の鏡に知らない爺さんが映ったりするんです」

知り合いの霊感のある人にみてもらうと、「お前、変な神社で拝んだだろう」と、会社で起こった怪異を話してもいないのに、当てられたそうである。

「廃神社もそうだけど、中身のない空っぽの神社っていうのは、悪いモノが入り込んでくるんだ。それを一度拝んでしまうと、変なモノが寄ってくるようになる」

知り合いいわく、浜田さんのようなケースはその都度祓ってもらわないといけないらしい。

皆様も十分、お気をつけあれ。

創造主

こちらもある意味、〈神〉が関係してくる話である。

怪談蒐集家の影絵草子《かげえぞうし》さんの知り合いである、池田《いけだ》さんという男性の体験談だ。

当初は影絵草子さんから伺った話を書くつもりであったのだが、非常に興味深かったこともあり、無理を言って池田さん本人に取材をさせていただいた。

のどかな田舎で育った池田さんは、小学三年生のクラス替えのときに、武志《たけし》君という新しい友達ができた。武志君はのんびりとした穏やかな男の子で、他の同級生からも慕われていたという。

田んぼの畦《あぜ》ではザリガニを獲り、神社の境内では缶蹴りをし、裏山ではみんなで段ボールを持ち寄って秘密基地を作った。人懐っこい武志君はどの遊びにも参加し、池田さんたちのあとを追っていたそうだ。

そんな武志君であったが、一つだけ頑なに拒むことがあった。

武志君の自宅で、遊ぶことである。

このくらいの歳の子であれば、友達になると自然とお互いの家に遊びに行くようになると思うのだが、武志君は同級生たちを自宅に呼ぶことを、いつも申し訳なさそうな顔で断っていたという。


「まあそういう家もありますよね。雨の日だと外で遊べないから、そんな日は、家にゲーム機がある友達の家に行くのがお約束って感じだったなぁ。今時は言われないと思うけど、ほら、僕たちの子供の頃って何時間もゲームやってると、親に怒られたじゃないですか、頭が悪くなるって。そんな暇があったら勉強しろって、うるさく言われたし。だから遊んでいるうちにその友達の母親からも、いい加減にしなさいって、とうとう叱られちゃってね。梅雨の時期で雨の日が続いてたから、毎日のように続く悪ガキどもの襲来にうんざりしてた家も多かったでしょうし、彼の家もそうなのかなと」

この頃はファミリーコンピューター、通称ファミコンと呼ばれている家庭用ゲーム機が流行っていた。

「発売してから数年は経っていたと思う。でも、田舎だからか、持っている子も少なかったなあ。自分も親に散々ねだったけど、勉強の邪魔になるからって、あの頃はまだ買ってくれなくてね」

他にファミコンを持っている子どもたちは、一日三十分だけと親から決められていた家庭も多く、そうなると雨の日の遊びは、家でできる野球盤などのボードゲームやドンジャラ（アニメのキャラクターを使った子供用の麻雀）、トランプなどに限られていた。

それならみんな持っているし、いつも遊んでいる友達の家に順番に遊びにいけばいいとの意見も出たが、このときも武志君だけは、聞き取れるかどうかギリギリの小さな声でむにゃむにゃと何かを呟き、断っていたという。

「普段は普通の子なんだけどね。埋由を聞いても、はっきり言わない。最初はみんな不思議に思ってたけど、親が厳しいのかもしれないし、深くは追及しなかったんだ。それにまだ子供だったから、遊びに夢中になってるうちに、そんな細かいこと忘れちゃうからね。ま、男の子なんて、そんなもんですよ」

夏休みに入り、数日が経ったある日の昼下がり。

午前中、池田さんは友達数人で虫捕りをしていた。

昼食をとるためにみんな一旦は家に帰るが、食べ終わったあとも集まり、夕方まで遊び通すのが常であった。だが、その日は午後から家の用事がある子がほとんどで、昼ご飯を食べたあと集まったのは、池田さんと武志君の二人だけだったという。

二人しかいないのなら、缶蹴りはできないし、鬼ごっこをしてもつまらない。朝からの続きで、また虫捕りでもしようかと考えていると、武志君からいきなり「僕の家で遊ぼうよ」と、声がかかった。

珍しいこともあるものだな、と最初は戸惑ったが、「みんなには内緒だよ」と、彼から念を押すような言葉を二回も聞き、武志君は一体、どんな家に住んでいるのか、ひょっとして人には言えないような家なのかもしれない、と俄然《がぜん》興味が湧いてきたという。

二人して自転車を漕ぐこと三十分。武志君の家は、町外れにポツンと建っていた。一見すると、古そうではあったが普通の家に見えた。

ただ、家の中から彼のお父さんとお母さんらしき人の怒鳴り声が聞こえてくる。外まで聞こえてくるのだから、相当激しくやり合っているに違いない。

もしかしたら両親の仲が悪いことが理由で、呼びたくなかったのかもしれない。

池田さんは少しだけがっかりしたが、それにしても居心地が悪い。

池田さんの家でも、両親の喧嘩は時々あった。しかし、ここは友達といえども他人の家である。

「やっぱり、今日はやめよう」やんわり断ろうとすると、そこへ武志君のお姉さんが買い物を終え、帰ってきた。

聞けば、お姉さんは小学四年生で、池田さんたちの一つ上の学年であるという。

「大丈夫、放っておけばそのうち喧嘩は終わるから」

そう呆気らかんと伝えてきたお姉さんからも、「うちで一緒に遊ぼう」と誘われ、断り切れなくなった池田さんは、渋々家に上がることにしたという。

引き戸を開き、玄関に入る。

目の前には奥に続く廊下、右側には二階に上がる階段、左側には和室があった。

これだけ見るとごく普通の家なのだが、階段のすぐ脇には大きな柱が立っている。

その柱の上部に、妙なものがくっついているのだ。

段ボールを切り貼りして作った四角い箱のようなオブジェには、おそらく屋根だろうと思われるひさしがついていて、その下には閉じた扉まであった。

不格好ではあったがそれはまるで、人形の家、のようであったという。

その手作りであろう人形の家は、柱にガムテープを使いガチガチに固定されていた。

目を丸くしながら靴を脱ぎ玄関から上がると、お姉さんと武志君はその小さな家に向い、二回拍手を打ち、神妙な顔で頭を下げている。

「それを見て、神棚だって分かったんだよ。二礼二拍手一礼のような、ちゃんとしたものではなかったけど……。大人たちが神社でやってることを、見様見真似で再現した感じかな。武志君が作ったのかなと思ったんだけど、あとから聞いたらお姉さんも手伝って二人で作ったって。何で神棚なんか作ったのか、そのときは全く分からなかったなあ。ただ、あの姉弟が真剣に拝んでるもんだから、自分もしなきゃいけないような気がして、つい、俺もやっちゃったんだよね」

二階からは相変わらず、武志君のお父さんとお母さんの言い争いの声が響いてくる。池田さんの不安そうな顔を見て察したのだろう、一階なら大丈夫だからとお姉さんに促され、廊下の突き当り右側にある和室へと通された。

「うち、あまり遊べるものがないんだ」

武志君がそう言って出してきたのは、けん玉やメンコ、おはじき、といったようなレトロ感あふれる玩具ばかりであった。

台の上でメンコを打つ。はじめてやるメンコに苦戦はしたが、慣れてくるとコツを掴み、次第に面白くなってきた。取った、取られたと三人のテンションが上がるなか、池田さんには一つだけ気になることがあった。

開け放たれた押入れの上段に、先ほど玄関で見たのと同じ、段ボールで作られた手製の神棚が置いてあるのだ。

ただ違う点は、神棚の扉は開かれていた。

その中央には大きめのマトリョーシカ人形のような、〝真っ黒な起きあがりこぼし〟が鎮座し、左脇には水の入ったガラスのコップが置かれている。

起きあがりこぼしの真ん中、おそらく顔であろう部分には白い円が描かれており、円の中には薄い墨で線を引いたかのような、目、鼻、口がついていた。

実はその起きあがりこぼし、池田さんがこの和室に入ったときから、ゆらゆらと左右に揺れていたという。先に部屋に入った武志君が揺らしたのかもと思っていたが、メンコをやりだしてすでに三十分以上経っている。未だに揺れ続けているのは、どう考えても不自然だった。

あれはきっと、電池で動いてるんだ——池田さんは無理にでもそう思い込もうとして、明るく振舞っていた。真っ黒な起きあがりこぼしは、どことなく不気味であったし、何よりも玄関先の神棚には熱心に拝んでいた二人が、和室の神棚に対しては、まるで存在していないかのように視界にも入れず、話題にも出してこないのが薄気味悪く感じられたからだ。

しばらくすると、メンコで遊ぶのも疲れてきた。

休憩がてら次は何をして遊ぼうかと話していると、押入れの方から、ドンッと何かが倒れる音がした。恐る恐るそちらの方を見ると、嫌でも起きあがりこぼしが目に入る。


――あれ？


くだんの起きあがりこぼしは、移動していた。

先ほどは、神棚の開け放たれた扉のすぐ前にあったはずだった。

今はお供え物の水の前に立って、ゆらゆらと左右に揺れ続けている。

「あ……あれって……」驚きのあまり震える手で指をさした、そのとき。


だ、だめっー！

叫び声と共に、武志君のお姉さんから強引に腕を引っ張られ、すぐさま裏庭に連れていかれた。

「ねえ、あれ、何で見えてたの？　ねえったら！」

彼女から激しく両肩を揺さぶられ問い詰められていると、武志君も足早にやってきてくれた。

「僕らと一緒に、玄関の神棚を拝んだからじゃないの？」心配そうな武志君のこの言葉に、ハッとしたお姉さんは武志君に何か耳打ちしたあと、池田さんに事のいきさつから今に至るまで、洗いざらい話してくれたという。

うちの家ね、見て分かると思うけど貧乏なの。

お父さんが働いていた工場が、つぶれちゃったから。

それからお父さん、毎日仕事を探してるけど、まだ見つかってないんだ。

パートの時間を増やしたお母さんのこと、弟が心配してね。

家に神様がいれば、きっとお金持ちになれるよって言ってきて——。

武志君はスーパーから貰ってきた段ボールを使って、神棚を作りはじめたという。
神様が住む家を作れば、きっとうちにも来てくれるはず。
その言葉を聞いたお姉さんは、武志君の神棚作りを手伝った。
扉が閉まっていたら神様が入れないと、わざわざ開けて作ったのだ
出来上がった神棚は、先ほどメンコで遊んだ和室の押入れに祀ったという。
武志君とお姉さんはその神棚に向かい、毎日手を合わせた。
どうかどうか、お父さんの仕事が見つかりますように。
いっぱい働いてくれているお母さんが、少しでも楽になりますように。
いい子にしますから、どうか、うちにお金をください、と。

子供なりに親を心配したのであろう。
来る日も来る日も神棚を拝んでいるうちに、変化があった。くだんの〝起きあがりこぼし〟が、神棚の扉の前にいつの間にか、ポツンと現れていたのだ。真っ黒で小指サイズの起きあがりこぼしは、最初から何もしなくてもゆらゆらと左右に揺れていたという。

姉弟は「小さな神様が来てくれた！」と大喜びで、いつものお参りも更に熱心になっていった。

だが、それが現れるようになってから、徐々に家の中がおかしくなってきた。

コップに入れたお供え物の水は、こまめに取り換えないと、すぐに腐って異臭を放つようになった。テーブルに置いた菓子は、あっというまにカビが生え、冷蔵庫の中の食べ物も傷むのが早くなったという。

極めつけは、支え合っていた両親の仲も日に日に悪化し、激しい喧嘩を繰り返すようになってしまった。

仲直りさせようと神様に会わせたところ、両親には例の〈起きあがりこぼし〉が全く見えていなかったそうだ。

ここまで聞いた池田さんは、ふと、疑問に思った。

小指サイズの小さな神様、とは一体……。あの起きあがりこぼしは、少なくとも二十センチ以上はあるように見えた。

疑問を口にすると、武志君とお姉さんの顔が曇った。

お姉さんが口ごもってしまったので、今度は武志君が説明してくれた。

親戚のおじちゃんや近所のおばあちゃんが、死んじゃうたびに大きくなっていったんだ……。


あれが来てから、周りの大人たちが次々に死んでいくんだ。

死んだら、うちにも知らせがくるでしょ。

そのときね、いつも無表情のあれ、ニタニタ笑うんだよ。

「ざまーみろ」って、喜んでるみたいに……。


あれは神様なんかじゃない、何か悪いものを呼んでしまったんだ。

怖くなった姉弟は拝むこともやめ、神棚ごと捨てにいった。

が、何度捨てても、その度に押入れに戻ってきてしまうそうだ。

段ボールでできた神棚を潰して捨てても、気がつけばまた元通りになって、押入れの定位置に収まっている。

玄関の柱の上部に祀った神棚は、この得体の知れないモノが消えてくれますようにと願いを込め、あとから作ったものだという。

人が死ぬごとに大きくなっていく真っ黒な〈起きあがりこぼし〉は、このまま行くともっと巨大化し、家を破壊してしまうのではないだろうか、いや、破壊するというよりも家と一体化し、邪悪な力がもっと強くなっていくのではないかと、武志君とお姉さんは、しきりに心配していたという。

お姉さんの友達にも見えなかったから、池田さんにも見えないはずと考え、武志君は彼を家に呼んでしまったらしい。

「いつも断ってたから、武志君なりに申し訳なさを感じてたんだろうね。多分、俺にも見えなかったら、みんなを呼ぶつもりだったのかも……」

姉弟の言うとおり、玄関の神棚を拝んだせいで池田さんに見えてしまったのかは定かではない。

けれども二人は、再三、池田さんに謝っていたという。

二人に謝られたあと、池田さんは猛スピードで自転車を走らせ、家に帰った。

家族にも友達にも、起きあがりこぼしのことは言わなかった。

帰り際、二人から念を押すように口止めされていたが、それが理由ではない。

口に出してしまうと、自分にも何か悪いことが降りかかってくるようで、今まで言えずにいたという。

それからも池田さんは気にしないよう、変わらず武志君をいれた仲間全員で遊んでいた。

半年後、武志君一家がいなくなるまでは。

大人たちの話によると、夜逃げ同然に引っ越してしまったらしい。

あれから〝真っ黒な起きあがりこぼし〟と、武志君のご家族がどうなったのかは、池田さんも全く分からないという。

前項で紹介した屋上の神社と同じように、空っぽの神棚には、何か悪いモノが入ってしまったのだろう。

空気感

前項、『捜索』でご登場いただいた原田《はらだ》さんは度々、不可思議な現象に鉢合わせている。ＹｏｕＴｕｂｅやＰｏｄｃａｓｔで怪異伝播放送局《かいいでんぱほうそうきょく》というチャンネルを開設し、蒐集した怪談を配信している彼とは仕事上でも交流があり、これまで彼自身が体験した様々な出来事を拝聴してきた。

これからご紹介させていただく話も、彼が『捜索』のときに住んでいた、都内・Ｎ橋駅付近のアパートで起こった怪異である。

くだんのアパートに住みはじめて数年が経った頃、彼はときおり視えない女性から声をかけられていた時期があった。

その声はよく、うたた寝をしている際に聞こえてきたので、はじめの頃は夢だと思っていたそうだ。内容も何を言っているのかはっきり分からないほど、消え入りそうにか細い声だったという。

彼いわく、ベッドに座ったままつい居眠りをしたときや、テレビをつけたまま寝てしまったときなどに声をかけられることが多かったので、「起きて」とか「ねぇ」といった類の言葉だろうとのこと。

そんな日々を過ごしていると、某男性アイドルグループのライブ関連の封書が送られてきた。

差出人は知り合いのA子さんである。

A子さんは当時、その男性アイドルグループの大ファンであり、ファンクラブにも入会していた。但し、このアイドルグループは絶大な人気を誇り、ファンクラブに入っていたとしても、ライブのチケットを入手することは非常に困難であったという。

そこでA子さんは複数の友人や知り合いを頼り、あの手この手を駆使して、チケットを入手していたそうだ。

原田さんも以前、頼まれて協力したことがある。

今回も協力のお願いだろうと封書を開けると、ライブ関連の書類とは別に、A子さんからの封筒も入っていたという。

封筒の中には「ありがとう、これ食べてね」とメッセージが書かれたメモと、ハーゲンダッツのギフト券が同封されていた。

協力してくれたお礼にと、A子さんがプレゼントしてくれたのだ。

私も気持ちがよく分かるのだが、ハーゲンダッツといえば、少しお高いアイスクリームである（少なくとも私は、高級アイスクリームだと認識している）。

季節は冬。

そのギフト券を見た原田さんは、普段はあまり買うことがないハーゲンダッツを、炬燵に入って食べているところを想像してみた。

それはさぞかし美味しいだろうと、とてもテンションが上がり、

「ハーゲンダッツ？」と、子供の頃、同商品のＣＭの終わりに流暢な英語で流れていたフレーズをつい、口走ってしまった、その瞬間。

彼が完全に言い終わる前に、

「ハーゲンダッツ？」

と、あの視えない女性もテンション高めで、声をかぶせてきたのである。

原田さんは突然の出来事に、声も出さずに「え!?」と驚いてしまったそうだ。

「まぁ、それであの視えない女性の声は、夢じゃなかったんだと気がついたんですけど。あのとき、女性も声を出さずに、〝え!?〟という状態になったんです。僕がビックリしたから戸惑っているんだなって、何となく空気が読めちゃったんですよねえ」

原田さんが驚いたことが余程恥ずかしかったのか、それとも声を出したことで明らかに〈居る〉ことがバレてしまったのをマズイと焦ったのかは分からないが、これ以降視えない女性の声は、一切聞こえなくなったという。

「怖いとは感じませんでしたね。ただ、あの女性の英語の発音、流暢じゃなかったなって、あとから思いましたけど」

後《のち》に彼がこの話を霊感のある知り合いにしたところ、原田さんのファンの生霊だと思うと言われたそうだ。

人気稼業もある意味大変なんだなと、つくづく感じたエピソードである。

首絞め人形

渋谷のクラブで友人たちと遊んでいた絵梨香《えりか》さんは途中で抜け、アパートへと帰ってきた。

みんな、自分を励まそうとしてクラブに誘ってくれたのだが、盛り上がっている様子についていけなかった。

また、ナンパしてくる男も鬱陶しいので、帰宅したのだ。

「家に一人でいても虚しいだけだから、遊びに行ったんだけど……私さ、不倫相手との子、堕《お》ろしたんだよね。奥さんと別居中だったから、私のアパートで同棲してたんだけど、妊娠のこと言ったら、〝俺の子じゃない〟って、出ていっちゃってさ」

みんながクラブで踊って盛り上がる中、自分だけは延々と酒ばかり飲んでいた。

帰り道、少し歩けば酔いも覚めると思っていたけれど、胸のムカつきと気分の悪さは少しも変わらない。

水を飲もうとベッドから立ち上がると、足に何かが当たった。

床を見ると子供の頃、母親がはじめてプレゼントしてくれた、バービー人形が転がっていた。

ふふ、こんなのまだ残ってたんだ。彼が荷物まとめてたときにでも、出てきたのかな――。

バービー人形を見た瞬間、あまり会うことのない母親のことを思い出したという。

母親は男にだらしない女で、父に不倫がばれて家を追い出された。

小学四年生だった自分は、母と二人きりで暮らしていたけど、母はめったに家には帰ってこない。

たまに千円ぐらい置いていくときもあったけど、その金が尽きると学校の給食だけでその日一日を乗り切るしかなかった。

水道も電気も止められ、風呂にも入れず、いじめられたこともあった。

それでも子供の頃は母が大好きで、家に大人がいないことを誰にも言わず、気が向いたら帰ってくる母のことを、ずっと待っていた。

誰かに話してしまうと、母が怒られると思ったから。

私が母を守らなければいけないって、強く思っていたから。

母がたまに帰ってきた日は、いつもいい子にしてた。

山積みのお皿を洗ったり、汗を吸ってぺっちゃんこになった蒲団も干した。

今から思えば、あんな母親でも褒めてもらいたかったんだと思う。


小学六年生のときに母は「新しいお父さんだよ」と、知らない男をつれてきた。

男からは躾《しつけ》だといわれボコボコに殴られても、母はそんな私を見て笑ってるだけだった。

そういえば……。ふいに思い出した。

私はあの男に乱暴されかかった。寝ているところを、急に襲われたんだ。

あのとき私は大声で叫び、男がひるんだ隙に逃げ出したんだ……。

何で忘れていたんだろう。

床に転がっているバービー人形を拾い、キッチンの洗い桶に沈めた。

人形の首を絞め、死ね死ね死ね死ね死ね死ね死ね死ね死ね死ね、と何度も何度もつぶやいた。

あれから私は施設に預けられ、辛い生活を強いられてきた。

それなのに、あの母親はのうのうと生きている。

私が施設から出て働きはじめたとき、母ははじめて会いに来てくれた。

金の無心だった。

死ね死ね死ね死ね死ね死ね死ね死ね死ね死ね死ね死ね死ね死ね死ね死ね死ね。

今も金のことでしか連絡してこない母親が死ぬように、願いを込めて。

あの女がいたから、彼も私から離れていったんだ。

あんな母親の子どもじゃ、色んな男と寝てるんだろうって——。

何度も何度も明け方まで首を絞め続けた。水中で母親の首を絞めている自分を想像しながら。

「それから一週間も経たないうちに、母は死にました。遊びに行った先の川で溺れ死んだようです。私が、呪い殺したんだと思います」

絵梨香さんはそう語り終えると、後悔しているように涙を流していた。

返したかったもの

友人の紹介でその話をしてくれたのは、北原《きたはら》さんという三十代の男性だ。

話を聞くために落ち合った喫茶店の席で互いに自己紹介をしたあと、彼は鞄から何かを取り出してテーブルの上に置いた。それは一枚の栞だった。

「これは、ある女の子の遺品なんです」

「遺品、ですか？」

その栞は特に変わったものではなく、しかも無地の地味なものだった。

怪訝な顔をする私に北原さんはその栞にまつわる話をしてくれた。

彼がまだ中学二年生だった頃、クラスにとても大人しい理絵《りえ》という女の子がいた。彼女はいつも自席で本を読んでおり、こちらから話しかければ答えはするものの、積極的に周囲に馴染もうとはしない子だったという。

北原さんはどちらかというとにぎやかなタイプだったそうで、休み時間になると何人かの悪友とくだらない話で盛り上がるという学校生活を送っていた。

そういう性格だったせいか、北原さんはいじめなどの陰湿な行為に嫌悪感を覚えるため、いつも一人でいる理絵がいじめられたりしていないか心配になり、時々声をかけてはみるが、あまり話が弾まずに撤退を余儀なくされていたそうだ。


そんな中、二学期に入ってから席替えが行われ、北原さんは理絵の隣の席になった。

理絵は別にいじめられているようなこともなく、単に一人静かに本を読むのが好きなのだろうと思い、北原さんも彼女に無理に話しかけたりすることもなくなった。

ただある日、読書感想文の宿題で書き方に困り、読書家ならと理絵に相談というか助けを求めたことがある。理絵はびっくりしたような顔をしたが、その後少し苦笑しながら自分の書き方を教えてくれたそうだ。

はじめて理絵と長く話してみて分かったが、理絵は別に暗いわけでも、大人しい子でもなく、興味のある話題であればむしろ饒舌になるようだ。北原さんは理絵の新たな面を知ることができて嬉しくなると同時に、今まで気になっていたことを試してみたくなった。

それは理絵の眼鏡である。

理絵は丸い、ふちのやや太めの眼鏡をかけており、北原さんの主観ではあるが、それが理絵の地味さを強調している気がしたのだ。

北原さんは思い切って理絵の眼鏡をさっと取り上げてみた。

「え？　ちょっと……」

戸惑う理絵に対して北原さんは
「あ、やっぱ眼鏡ない方がいいじゃん」

と、思った通りを口にした。

「……返して……」

「今から思い出すと、何のアニメかっていうくらいチャラいセリフでしたね。彼女はなんか固まっちゃって。僕から眼鏡を奪い返してかけ直したら、あとはもうこっちを見てもくれなくなりまして……」

調子に乗ってしまったことを悔やんだ北原さんだが、まあ日を改めれば落ち着くかなと、あまり気にはしないでいた。ちょうど翌日から連休だったこともあり、明けてから「そう言えば、この間はごめん」とでも謝ろうと考えて家に帰ったという。

しかしその連休中、彼女の家が火事となり、彼女と、同居していた祖母が亡くなってしまった。両親の外出中に台所で祖母が火の取り扱いを誤ったらしく、二階の自室にいた彼女は逃げ遅れて亡くなったそうだ。

連休明けに彼女の死を教師から聞かされた北原さんは驚きはしたものの、まだ身近な人の死を実感するには幼かったのか、「そうか、もう話せないんだな。謝りたかったんだけどなあ」と思う程度だった。

しかし、彼女の死を聞いたその晩、床についた北原さんは恐ろしい夢を見た。焼ける一軒家が現れたかと思うと次の瞬間それは消え、暗闇から今度は這いつくばるような格好の女の子がこちらを睨みながら手を伸ばしてくるのだ。

よく見るとそれは炎に巻かれる理絵だった。彼女は何かを抱えるようにしながら、必死に手を伸ばしてこちらに助けを求めるようにやってくる。

恐怖のあまり飛び起きた北原さんだが、当然まわりには何もなかった。学校であんな話を聞いたから夢を見たんだろうと思い、また寝なおす。その後も何か夢を見たような気はするが覚えておらず、ひとまず無事に翌朝を迎えたそうだ。

しかし、その日から北原さんは毎晩理絵の夢を見ることになる。

夢の内容は最初と同じで、火事のシーンから彼女がこちらへ向かってくるものだ。

そして彼も毎度恐怖で飛び起きてしまうのだが、彼女が何かを訴えかけようとしている気がした彼は、ある晩に意を決して、夢の中の彼女をギリギリまで見届けようと頑張ってみた。

これまでと同じく、何かを抱えるようにしながら手を伸ばしてくる彼女の口元に注目してみると、声が聞こえるような気がした。

「か、え、す……」

口の動きと、聞こえてきたように思える言葉はそれであった。

返す、だろうか。

確かに彼女と最後に話したとき、眼鏡を取り上げてしまったが、それはすぐに彼女が奪い返している。何を返すというのだろう？

どうにも理解しがたい状況に悶々としつつも登校した北原さんだが、その日の下校間際に、教師から思わぬ来客を告げられる。理絵の母親だそうだ。

職員室の端に設置されている応接スペースで北原さんは理絵の母親と対面した。

かなりやつれてはいるものの、しっかりとした口調で話す人だったそうだ。

「これは北原くんの本でいいんだよね？」

そう言って彼女がテーブルに置いた本を見て思い出した。北原さんは理絵に本を貸していたのだ。

あの日、読書感想文の宿題をやっつけようと、数冊の候補を学校に持っていったのだが、そのうちの一冊に理絵が興味を示したので、感想文の書き方を教えてくれたお礼にと貸したのである。その後の眼鏡事件ですっかり忘れていたのだ。

理絵の母親が教えてくれたところによると、理絵は金庫を抱えて亡くなっていたらしい。それは父親から鍵の壊れたものを譲ってもらった小さな金庫で、理絵はそれに大事なものをしまっていたという。

遺品の整理ということで、その金庫の中身を確認したところ、北原さんが理絵に貸した文庫本が入っていたのでそれを返しに来てくれたというわけだ。しかし北原さんは気になっていたことを口にした。

「なんで僕のだと分かったんですか？」

当然の疑問に対して理絵の母親が話してくれたことは、北原さんに大きな衝撃をもたらした。

理絵はもともと北原さんの見立て通り、大人しく人見知りで、一年生の頃は危うくいじめの対象になりかかったこともあるそうだ。

不安の中で二年に進級。しかしそこでは時折声をかけてくれる男子がいたお陰で、一年生の頃のような不安は感じなかったという。そして二学期になって、その声をかけてくれた男子と隣同士になったことが奇跡のように嬉しかったそうだ。

「北原くんが本を貸してくれた！　って、あの日も大はしゃぎして帰ってきたの。あと、今まで怖いからって嫌がってたコンタクトレンズも試してみたいって」

理絵の母親は他にも色々と話してくれたのだが、ほとんど耳に入ってこなかった。

自分が何の気になしにしていたことで理絵がそこまで喜んでいたなんて、全く気がつかなかった。「初恋だったみたい」と理絵の母親が締めくくるように言った言葉でやっと現実に戻ったような気がする、と北原さんは語った。

「理絵のお母さんからその本を受け取って、家に帰って見直していたら気づいたんですよね。残り二十ページくらいのところにこの栞が挟まっていたんです」

北原さんはそう言って、テーブルに置いていた栞をひっくり返してみせた。

「北原君ありがとう。好きです」

少し細いがしっかりとした筆致でそう書かれていた。


夢の中で理絵が必死に訴えていたのはこの本のことと、そして自身の北原さんへの想いだったのだろうか。北原さんは彼女への感謝と冥福を祈り、その晩から彼女の夢を見ることはなくなったそうだ。

また、北原さんはこの栞で一つ気になることがあった。

「残り二十ページくらいのところだったんですよね。もしかしてまだ読み切ってなかったんじゃないかなって。四十九日が終わった頃に先生にお願いして彼女のお墓の場所を教えてもらったんです」

北原さんは彼女のお墓に詣で、貸した本の結末と北原さん自身の本の感想を墓前で語って弔いとしたそうだ。

地下鉄

知人の笹川《ささがわ》さんという男性から聞いた話である。

笹川さんたっての希望により、場所や名称等を伏せさせていただくことをお許し願いたい。

彼は通勤に地下鉄を利用しているのだが、その地下鉄で奇妙な体験をしたのだそうだ。


七年前の四月、仕事帰りの笹川さんはいつものようにその地下鉄に乗った。

ただこの日は帰宅してから用事があり、急いでいたのだ。

それにより、発車間際の電車に飛び込んだため、普段と異なる車両に乗ったという。

先頭車両の、それも一番前に立つことになったのだ。

この位置に乗車したことがある方ならお分かりだと思うが、ここは運転席を通して前方が見える。子供がかじりついて運転手気分を味わっている風景を、目にしたこともあるだろう。

笹川さんもふとそんな時期を思い出し、運転席からの風景を眺めてみた。

ただ当然ながら地下鉄なので、見える景色は極めて寂しい。

単調な造りのトンネルの壁、そこに設置されている蛍光灯が、ただ後ろへ流れていくだけである。

すぐに飽きた彼はスマホを取り出し、ニュースサイトを見はじめた。

やがて電車はとある駅に着いた。

この地下鉄は、その駅を出ると地上に上がる。そのときの風景なら多少は楽しめそうだ。

笹川さんは、スマホをしまってまた前方に向き直った。

電車が走り出し、彼は地上への出口はどこだろうと前方に目を凝らしていたが、考えてみればすでに夜になっているため、出口は相当近づかなければ分からない。

が、それからすぐ前方に薄く白い灯りのようなものが見えてきた。

もう出口か……ん、待てよ。


笹川さんは、すぐさま疑問を持った。

電車は今さっき走りだしたばかりだ。地上への出口が見えてくるには早すぎる。

じゃあ、あの灯りは一体なんだ。

近づくにつれ、灯りの全体像が見えてくる。

笹川さんは息をのんだ。

丸い玉のように見える、靄《もや》がかかった白い灯り。

その白っぽい灯りは、無数の得体の知れない光る玉が集まり、蠢《うごめ》いている姿だった。

すでに電車のスピードが上がってきており、その光の玉の集合体はあっという間に運転席の窓ガラスにぶつかり、しかも何の音も立てずに四方へ飛び散っていった。

光が飛び散る瞬間、笹川さんは思わず「うわっ」と、声を上げて飛《と》び退《すさ》ってしまった。

周囲の人は皆、訝《いぶか》し気に笹川さんを見ている。

今起きた光景を目にした人は他にはいなかったようだ。

ブレーキもかからず警笛も鳴っていないことから考えると、運転手の目にもあの謎の光る玉は映らなかったのだろう。

きわめて不可思議な体験をした笹川さんだったが、不可思議過ぎるゆえに現実味も乏しく、翌日からまた普段の車両で通勤していくうちに、あれは気のせいだったのかも、と思うようになっていった。


あの出来事から一か月ほど経ったある日。

笹川さんはまた似たような状況で、その地下鉄の先頭車両に乗り込んだ。

運転席のフロントガラス越しに前方の暗闇を見た瞬間、あの日のことが思い出された。

思わず他の車両に移ろうかと思った笹川さんだったが、この際だから、あの日と同じ場所で今度は何もないことを確認して、安心すべきではないかと考えた。

あえてそのままの位置で、前方を見続けることにしたのだ。

二駅、三駅と過ぎていくが、地下を走り続けているその間は特に変わったことはない。

前方に見える光は次の駅の灯りか、反対方面からやってくる電車のライトだけであった。

そしていよいよあの、地上へ上がる前の駅に到着した。

前方を注視する笹川さんだが、この段階ではまだ何も見えてはこない。

電車が走り出し、そろそろ出口が近いのではと思ったが、あの白い光の玉は現れなかった。

やはり気のせいだったか——。

笹川さんがそう思ったのを見透かしたかのように、トンネルの壁面に設置されている蛍光灯の薄白い光が膨らんだ。

それから瞬く間に、〈あれ〉がやってきたのだ。

蛍光灯から湧き出してきた白い無数の光の玉が、運転席目がけて飛んでくる。

今度こそ少しも見逃すまいと彼は凝視し、そして声も出さずに絶叫した。

白い光の玉は、人の顔だった。

何百何千といった人の顔、顔、顔、顔、顔。

それらの顔は、一つ一つ表情も違った。

目を見開いて恐れ慄いている顔、口を大きく開き泣き叫んでいる顔、苦痛にゆがむ顔。

どの顔も全て〈負〉の感情を表していたという。


それらが前回同様に、運転席にぶつかっては周囲へ飛び散っていくのだ。

恐怖に苛《さいな》まれながらも今度は踏みとどまった笹川さんは運転手を見るが、やはり何も気にせずに運転を続けている。周囲の乗客も誰一人気づく様子はない。

ほどなく電車は地上へ上がって次の駅に滑り込んでいく。早鐘のような自分の心臓の音を聞きながら、笹川さんはふらふらと空いている席に座った。


さすがに二度も同じ体験をしては、気のせいにはできない。

かといって、笹川さんの通勤にはこの地下鉄は必須であるため、それ以降はとにかく先頭車両に乗らないようにするしかなかった。

先頭車両でなければ〈あれ〉を見ることはない。仮に見てしまっても実害はないことは分かっているのだが、あれらの顔を思い出すと恐ろし過ぎて夜も眠れなくなるのだ。うっかり乗ってしまったときは、次の駅で別の車両に乗り換えるなど、徹底して先頭車両を避ける日が続いた。

二度目にあれを見てから、三か月ほど経った頃。

その日、笹川さんは地元で行きつけのスナックに一人で飲みに来ていた。いつものようにカウンターで、他の常連客と他愛ない話をしていると、先日の台風の日に地下鉄が止まって、非常に困ったという話題になった。

ふとあの体験を思い出した笹川さんは酔いも手伝い、くだんの光のことを周囲の客に話した。

人の顔とは言わず、あくまで妙な光の玉ということにしたのだが、思わぬ反応があった。常連客の小坂《こさか》さんが、「そりゃあホトケさんかも知れねえなあ」と言い出したのだ。

「ホトケさんって、誰か亡くなってるんですか？」

笹川さんがそう尋ねると小坂さんは、

「あー、誰かっていうかたくさんだな。あそこで人骨が大量に出たって噂があるんだわ」

と、笑いながら答えてくれた。

小坂さんの話によると、もともとあの地下鉄はあそこで地上に上がる計画ではなかったらしい。

しかし建設途中に大量の人骨が見つかったことで、急きょ地上に進路を変更した、ということだそうだ。

「実はさ、ここだけの話、あくまで噂だってことにしてるんだよ。昔からこの辺りに住んでる奴らは、みんな知ってるけどな。工事に関わった人も口止めされたって話だ。うちの亡くなった爺さんも、いくらかもらったみたいだし」

他の常連客も肯定するように、うんうんとうなずいている。

聞けば、笹川さん以外皆、代々この土地に住んでいる人たちであった。

人骨が大量となれば大騒ぎになる。そうなると様々な調査が入り、地下鉄の開通時期に影響が出てしまうということなのだろう。

かくしてこの地下鉄は、地上へ上がることとなった。

後日笹川さん自身がネットで調べてみると、地下鉄が地上へ上がること自体は予定通りで、その際にいくつかの事情があり、進路に多少の変更があったということが書かれていた。

もちろん人骨がどうのなどではなく、費用の問題や鉄道そのものの技術的な問題、とのことであった。

「でもそんな大量の骨なんて、何で亡くなった人たちなんでしょうね」

笹川さんが素朴な疑問を投げかけると小坂さんは、

「空襲で亡くなった人たちの遺骨らしいぞ。身元不明の遺体の仮埋葬なんて、あちこちでしていたらしくてな。掘り起こして慰霊碑作って供養したとかもやってるけど、あんなんじゃ足りないくらいの量がまだ埋まってるらしい。

ちんたらやってる国も悪いけど。まあ掘り起こして骨なんて出たら、土地の値段も下がるから所有者も嫌がるんだと。国と土地の所有者両方の腰が重いんじゃ、進められるもんあ。
も進まないってわけよ」
空襲で亡くなったホトケさんも、早くここから出してくれって訴えてるんじゃないかな

小坂さんのこの言葉を聞いた笹川さんは、その後も先頭車両をかたくなに避けていたそうだ。

ただ、避ける理由に変化が生じていた。

「戦争のせいで亡くなった人たちが、未だに浮かばれていない。それが切なくてね。でも、自分の力ではどうすることもできないし……」

ほどなくして彼は転勤の辞令を機に、引っ越したそうだ。

「今度は地上の電車の沿線に住んでますよ。あれ以来、地下鉄自体がちょっと苦手になりましてね」

笹川さんは最後にそう言って苦笑していた。

猫爺《ねこじい》

小さい頃から家に猫がいなかったことがないくらい、知り合いの佐和子《さわこ》さんは大の猫好きである。

今から十九年前の当時、社会人になっていた彼女はすでに一人暮らしをしていたが、そこでも里子に出された猫を引き取り、飼っていたらしい。

そのときの猫はキジトラで、名前は『プーちゃん』。

プーちゃんはガラス玉のようなくりくりとしたお目々が特に可愛かったと、取材時に彼女は写真を見せてくれた。

彼女は昼間、某保護猫シェルターでボランティアとして働いていた。ボランティアなのでお金は入らない。そこで佐和子さんは、夜の仕事をはじめたという。

その日、いつものように出勤の支度をして家を出ようとすると、プーちゃんが足にしがみついてきて離さなくなった。

元より甘えん坊なところがあるプーちゃんは出かける際に寂しがり、佐和子さんのあとを追いかけ、いつも邪魔をしてくるのだが、今日の止め方はいつにもまして激しいような気がした。

普段なら、玄関扉のドアノブに手をかけると諦めるのに、この時は佐和子さんと一緒に外にまで出ようとしたのだ。

鳴き方も尋常ではなかった。寂しがるような鳴き声ではなく〈何が何でも行かせないぞ〉といったような気迫のある、もしくは怒っているかのような鳴き声を絶えず出していたのだ。

おかしい。今日は行かない方がいいかもしれない。

異常さを感じとった佐和子さんは店に連絡し、その日は休ませてもらったという。

次の日の朝。

プーちゃんが必死に止めた理由が分かった。

目が覚めて、毎日の日課となっている朝の情報番組を観ようとテレビをつけると、火災事故のニュースが流れていた。

ニュースの内容を見た佐和子さんは仰天した。

火災があった新宿の雑居ビルは、佐和子さんが働いていたお店が入っているビルだったからだ。

二〇〇一年九月一日未明に起こった、『歌舞伎町ビル火災事件』。

四十四人が亡くなり三人が負傷したという、戦後の被害の大きな火災として五番目に記録されている事件である。

勤務していた店の名前は出さないで欲しいとのことなので、正確に書くことはできないが、この雑居ビルに入っていた、ちょっとセクシーなお店に彼女は勤務していたのだ（文章上でのこの表現は、ご本人から了承を得ています）。

「ほんと、あのときほどプーちゃんに、感謝したことはないわ。私がいま生きていられるのも、あの子のおかげよ」

その火災から二日後の夜中のことだった。

佐和子さんがベッドで深い眠りについていると、身体に重みを感じた。

プーちゃんが一緒に寝ようと、ベッドに来たのだと思った。

半覚醒状態のまま、まどろみを楽しんでいると、いつもはすぐにタオルケットに入ってくるはずのプーちゃんが、なかなか入ってこない。

それどころか身体の上に乗ったまま、丸くなって寝るわけでもなく微動だにしないのだ。

気になった佐和子さんは、まだ身体が眠っている状態ではあったが、重い瞼《まぶた》をむりやり開けてみた。

ルームランプのほんのりとした灯りのなか、五十代と思しき男の顔が浮いていた。

いやらしそうな目つき、舐めまわすような視線、口元には下卑た笑いを浮かべている。

そしてよくよくみると、顔だけではなかった。

顔の下には猫の身体がついていて、佐和子さんの身体の上に四つん這いになって乗っていたのだ。

恐怖のあまり声も出せなくなった彼女は、サイドテーブルの上にあった目覚まし時計をその顔めがけて投げつけた。

「そしたらね。そのじじい、時計がぶつかる前にふっと消えたのよ」

佐和子さんは、そのおじさんの顔は見たこともなく、お店のお客さんでもないと答えていた。

火災のすぐあとに出現した猫ぐらいの大きさのおじさんは、火災と関係があるのか分からず、また火災から佐和子さんを助けてくれたプーちゃんとも関係があるのか、全く不明のまま取材は終了した。

私と佐和子さんが出した結論は〝猫の恩返しと、猫ぐらいの大きさの謎のおじさんの怪異は、全く別ものだろう〟というものだった。

ついでながらこのとき、そのおじさんは〈猫爺〉と名付けられた。

取材から約二年が経過した頃。

佐和子さんから、あの話の続きがあると電話が入った。

電話口で「どっち？」と聞いた私に、彼女は「両方」と、苦笑しながら答えた。

何かあると感じた私はすぐさま取材ノートとペンを用意し、椅子に深く座り直した。


この電話をもらう数日前、佐和子さんがいつもより早めに保護猫シェルターへ行くと、今日から新しいボランティアの人が入ってくる、と職員から伝えられたそうだ。

その人は最近奥さんを亡くした七十歳くらいの男性で、以前から興味があった動物保護のための手伝いがしたいと、自分から希望してきたとのこと。

こういった動物保護センターは、人手不足が慢性化している。かといって予算もかつかつで活動しているので、人を雇うことは難しい。

よって、みずからボランティアに来てくれることは、願ったり叶ったりなのである。

どんな人が来るんだろうと楽しみにしていた佐和子さんだったが、やがて現れたのは〈猫爺〉によく似た人だったのだ。

あの猫爺と、そっくり！

佐和子さんは驚愕したが、他人の空似だと思うことにしたという。

確かに顔はあのときの猫爺を少し老けさせただけというくらい似ているが、身体は普通の人間である。

しかし、ひとたび一緒に働きだすと、猫爺そっくりの男性はやたらと佐和子さんに話しかけるようになり、しまいには腕や肩などを気軽に触ってくるようになったという。

また、彼女が住んでいるマンションの近くで、ばったり会うことが増えたそうだ。

佐和子さんの話によると、猫爺と彼女の住まいは駅を挟んだ反対側にあるらしい。

こうなると、もはや偶然を装っているとしか思えない。

私が「ストーカーかも」とつぶやくと、佐和子さんは同意し、こう話しだしたのだ。

「実はね、あの猫爺、私が火災のあったビルで働いてたこと知ってたの」

彼女の話は更に続いた。

昔からのストーキングを疑った彼女は猫爺を飲みに誘い、酔わせたうえで持ち前の手練手管を使い、なぜ知ってるのかを聞き出したそうだ。

「猫爺ね、やっぱり昔からのストーカーだった。私と猫爺って、住んでる町が一緒なの。出勤前の私を見かけて、ひとめ惚れしたんだって。だから、跡をつけて店のことも知ってたわけ。店に来なかった理由は単純に奥さんにバレるのが怖かったから。で、奥さんが亡くなって監視の目もなくなったからアタックしようと思って、保護シェルターに来たらしいの」

この時点で私は、火災の二日後の夜に現れた〈猫ぐらいの大きさのおじさん〉は、猫爺の生霊ではないかと推測していた。

話を聞く限りでは少なくとも十九年以上、猫爺は佐和子さんに執着していたのだ。生霊として現れてもおかしくはないはずだ。

だが、彼女の話はまだ続きがあった。

「あの猫爺ね、あの火災の日、私の出勤の邪魔をしたのは自分だって言ったの。自分がプーちゃんに乗り移って、出勤させないようにしたって。

最初はさすがにないわーって思ったんだけど。あとから考えてみたら私、猫爺にあの火災の日、何で休んだのか理由を話してなかったのよ！

しかも、二日後の夜中に猫みたいな姿になって私のところに来たのも、褒めてほしかったからだって。火事から救ったから、ご褒美が欲しかったたって言ってたの！」

この話を猫爺から聞いた彼女は、次の日慌てて業者を呼び、盗聴器や隠しカメラなどが部屋にないか調べてもらったという。

結果、その類のものは一切、出てこなかったそうだ。


ひととおり話を聞き終えた私は、何とも言えない気持ち悪さと妙な引っかかりを覚えていた。

その引っかかりの正体に気づいたのはごく最近。この話を書くために取材ノートを見返したときだ。

なぜ猫爺はあの日、ビル火災が起こることを知っていたのだろう？

あの火災の出火原因がいまだに明らかになっていないことを考え合わせると、妄想だとは思いながらもつい最悪な想像をしてしまうのだった。

画像の女

知人の吉本《よしもと》さんという女性から聞いた話だ。

彼女の会社の同僚である中井《なかい》さんという男性はいわゆるイケメンであり、仕事もそれなりにできるせいか、女性からよくモテていたそうだ。

本人もそれを自覚しているようで、女性社員同士の井戸端会議で彼の社内での浮名を耳にすることがよくあった。

吉本さんは中井さんと同期入社であり、気軽に話せる間柄ではあったが、中井さんのやや軽薄というか、女性にだらしなさそうなところがあまり好きではなかったという。

そんな中井さんが、近々結婚するらしいという噂が流れた。

社内きってのプレイボーイの結婚話に、井戸端会議も色めきたつ。

聞けば、相手は取引先のお偉いさんの娘とのことだ。営業で何度も訪問しているうちにそのお偉いさんに気に入られて、お嬢さんを紹介されたのだという。

「逆玉だ」

「うまいことやったな」

他の男性社員から羨望とも嫉妬ともとれる感想が漏れてくる一方、女性社員の中では不穏な声がささやかれるようになる。

「それって、由美《ゆみ》ちゃんを捨てて、お金持ちのお嬢さんに乗り換えるってこと?」


由美さんというのは、まだ社会人二年目の女性社員だ。

短大を卒業後に入社して経理部に配属となった、目鼻立ちの整った可愛らしい子である。仕事にも真面目で、いつも礼儀正しいと評判だった。

そういう女性であるから、当然男性社員からの人気も高く、新人の頃から男性社員のアプローチを受けることも多かったようだ。

そうした男性社員の中に、中井さんの名前が加わったのが数か月前のことである。

これまでの男性はどうも玉砕したようだが、さすが中井さんというべきだろう。業務終了後、二人で駅近くのカフェにいるところが目撃されたことから、「二人は付き合っているのでは」と噂されるようになった。

由美さん自身は「仕事の相談に乗ってもらっただけ」とかわしていたが、その後も二人きりの目撃情報が増え、噂が真実味を帯びてきていた。

そんな中での中井さんの結婚話である。

当然、由美さんは心穏やかではないはずと、心配半分、興味半分といった同僚女性から質問攻めにあった由美さんだが、「特に付き合っていたわけではないので」と冷静な様子だったという。

結局、二人が付き合っていたというのはデマだったらしいということになり、周囲の関心は中井さんの結婚はいつになるのだろうか、ということに移っていった。

ある日、吉本さんが経理部へ赴いたときのことである。

昼休みだったこともあって部内は閑散としており、ドア近辺には女性が一人、こちらに背を向けて座っているだけだった。

その女性に声をかけようとした吉本さんは、彼女が使っているパソコンの画面を目にしてギョッとした。

画面には赤と黒を多用した、おどろおどろしいサイトが映っていたのだ。

その中央には見開いた目が描かれており、血走ったその目からは怒りや憎しみが感じられる。

そのとき、座っていた女性が振り返った。その女性は由美さんだったという。

振り返った由美さんの顔は普段の彼女からは想像できないほど硬く、見開いた目は先ほど見えたサイトの目と同じで、深い憎しみをたたえているように感じられた。

思わずあとずさった吉本さんだったが、由美さんは瞬時に柔和な表情に戻ると、「ああ吉本さん、請求書ですか？」と、これまた柔らかい声をかけてきた。

「ちょっとお待ちください」

由美さんは何事もなかったかのように席を立つと、部屋の奥へと向かっていった。

気になった吉本さんが由美さんのパソコンの画面を見ると、先ほどのサイトは映っておらず、表計算ソフトの画面になっていた。

しかし、インターネットのブラウザ自体を閉じたわけではないようで、画面の下部のバーを見ると、ブラウザで何かのサイトを立ち上げているのが分かる。

好奇心が抑えられなかった吉本さんは、由美さんが書類を探している隙に、素早くデスク上のマウスを操作して、そのブラウザが立ち上げている画面を確認した。

サイトのタイトルは「確実な呪いの方法」であった。

請求書を持ってきてくれた由美さんに、お礼を言ったのかどうかもよく覚えていない。

吉本さんの動揺はそれほど大きかった。

あの温和な由美さんが、あれほど険しい顔で呪いの方法が書かれたサイトを見ていた。

それは意外ではあったが、消えかかっていた例の噂を重ね合わせると、もしかしたらという思いもあったという。

それから数日後。

会社の廊下を歩いていると、前方から血相を変えた中井さんがやってきた。

「吉本、ちょっとこれ見てくれるか」

何事かと訝しんだ吉本さんに、中井さんは自分のスマホの画面を見せてきた。

そこには彼が自分自身を写した画像が映っている。

どこかのビジネスホテルであろうか、スーツ姿のまま、部屋の様子を含めて自分の姿を写そうとしているような構図だ。特におかしな点は見当たらない。

「これがどうかしたの?」

「ここの鏡だよ。誰か見えないか?」

吉本さんの疑問に、中井さんはスマホ画面の左端に映る鏡を指さす。

だがその鏡には、部屋の壁と思しきものしか反射していない。

首をかしげる吉本さんに中井さんは「やっぱりいないのか……」と愕然としたようにつぶやいた。

何があったのか問いただそうとする吉本さんに構わず、中井さんは足早に去っていった。

呆気にとられてその姿をしばし目で追っていると、彼は新たに出くわした別の同僚に同じ質問をしているようで、その同僚もまた吉本さんと同じような反応をしていた。

いったい何があったのだろう。

その疑問がおおよそ解けたのは、それから少しあとのことである。

最初のきっかけは、中井さんの突然の退職であった。

それも上司から通達があっただけで、本人からの挨拶も連絡もない。

明らかに通常の退職ではなかった。

噂話の集結するところは決まっている。中井さんが退職となった数日後、昼休みの女性社員の輪に加わった吉本さんが得た情報は、次のようなものであった。

中井さんの縁談は破談となった。

その原因は中井さんの浮気であり、お嬢さんはもちろんだが、父親である取引先のお偉いさんも怒り心頭で、我が社との取引中止にまで発展しかかったのだそうだ。

どうにか取引中止にまではならなかったようだが、恐らく中井さんへの処分が条件だったのだろう。

正式に解雇ということになったのかは不明だが、ともかく中井さんが退職することで手打ちとしたと思われる。


ここまでなら、まああの中井さんだし、あり得ることかも知れないで終わりだった。

しかし噂話には続きがあった。

中井さんが浮気をしていたという証拠が、どうにも奇妙だったらしい。

そもそも中井さんは浮気などしていないと主張していた。

そのお嬢さんとの交際がはじまってからは、他の女性との関わりには極めて気をつけていたし、お嬢さんがたいへん嫉妬深い性格だったこともあって、早めに今後の予定を伝えたり、こまめに連絡を取るなどして信用してもらおうとしていたという。

問題となったのは、中井さんが地方に出張に行った際、泊まったビジネスホテルでのことである。

出張というのは女性から浮気を疑われる定番だ。

中井さんは質素なビジネスホテルの部屋に入ると、出張の証拠として部屋が写るようにスマホで自撮り写真を撮影して、お嬢さんへLINEで送信した。

しかしその画像を見たお嬢さんから、即座に中井さんへ電話がかかってきた。

「鏡に女が映っている。浮気相手だ」

怒った彼女の言葉に画像を見返すと、確かに鏡の中に女性の姿が映っていた。

顔ははっきり分からないのだが、ロングの黒髪と華奢な肩幅は明らかに女性のシルエットである。

誰かいたのかと焦った中井さんは、部屋中を探してみたが誰もいない。

どうにか誤解を解こうとした中井さんだが、この画像はあまりに不利な証拠である。

出張どころではなく呼び戻された中井さんは、取引先のお偉いさんから破談を伝えられたそうだ。

そして奇妙なのはここからである。

絶望した中井さんが、改めてそのときの画像を見てみると、なんと鏡に映っていたはずの女の姿がなくなっていたのだ。

驚いた中井さんは、お嬢さんとのＬＩＮＥのやり取りで添付した画像のほうも確認しようと思ったが、破談を伝えられた際に、お嬢さんとのやり取りを削除させられていたことを思い出す。

確かに映っていた女が消えた。自分がおかしくなったのかと思った中井さんが、スマホに残ったその画像を見せて回っていたのが、あの日の出来事だったというわけだ。


このあたりの詳細を聞いたのは中井さんと親しい男性社員だそうだが、これまでの行いのせいだろうか、彼は中井さんの話を信じなかったという。

画像におかしな現象が起きたことにして、浮気を誤魔化そうとしただけではないかというのが、その男性社員の見解だったそうだ。

噂話に花を咲かせる女性たちも皆、その見解に賛成の様子だった。

まあ、普通に考えればそれが当たり前の反応だろう。

しかし吉本さんはどうにも腑に落ちない。

あの日、鬼気迫る表情でスマホの画面を見せてきた中井さん。あれが自作自演の演技には到底思えなかったのだ。

そして由美さんが見ていた「呪いの方法」のサイト。

由美さんのあの恨みに満ちた眼差し。

そう言えば由美さんはロングの黒髪だった。


由美さんは今も経理部に在籍している。

相変わらず男女問わず評判の良い由美さんであるが、吉本さんはできるだけ経理部には近づかないようになったそうだ。

鏡太郎さんの怪談

まず最初に、鏡太郎《きょうたろう》さんをご存じでない方のために、彼の経歴と人柄を紹介したい。

鏡太郎さんは主にＹｏｕＴｕｂｅで怪談朗読を精力的に配信し、また怪談イベントにもゲストとして積極的に参加していた方である。

彼は誰に対しても誠実で礼儀正しく、そして親切で明るい好青年であった。

いつお会いしても元気な声で、ご挨拶をしてくれたことを思い出す。

そんな彼のことを慕っていた仲間たちは多い。

今年、二〇二〇年の三月二十八日、鏡太郎さんから怪談を二話、電話にて取材させていただいた。

取材時のやり取りを交えながら、その二話ともここに記そうと思う。

鏡太郎さんの知り合いである俳優のHさんは、同じ俳優である先輩から表情作りの練習方法を教えてもらった。

その先輩の演技は素晴らしく表情が豊かで、Hさんは憧れていたという。

教えてもらった練習方法は、一風変わったものだった。

まず自分が出る舞台の練習中の録画を観る。そのあと頭の中で観た舞台の記憶を辿り、演技をしている自分の表情を思い出しながら、ここはもっと感情豊かに泣いたほうがいい、あそこは逆にクールな表情でと、頭の中でシミュレーションをするというものであった。

更に自分の舞台を使う練習に慣れてきたら、テレビドラマや映画に出演している好きな俳優で試してもいい、とアドバイスされたという。その際、その俳優になりきれ、と追加の助言もいただいたという。

次の日、さっそくHさんは自分が出演する予定の舞台の練習風景を録画し、家で実践してみた。頭の中で想像するのは難しかったが、毎日コツコツと練習しているうちに、次第に慣れてきたそうだ。

そんな彼は、次は自分以外で試してみようと、好きな俳優さんのテレビドラマを録画した。仮にその俳優の名前を、竹野内《たけのうち》さんとする。

その録画を何度も見た彼は、頭の中でシミュレーションを繰り返していた。事あるごとに練習してきたHさんは、ある日、竹野内さんの顔が、自分の顔に見えてしまうことに気がついた。

自分でも認識しないうちに、竹野内さんと自分の顔が同期してしまったらしい。

「つまり、自分の顔が竹野内さんの顔に見えるということですか」

不思議に思った鏡太郎さんがそう質問すると、Hさんは違うと否定してきた。

「そうじゃないんだ。竹野内さんの顔はそのまんま竹野内さんの顔なんだよ。でも、俺が竹野内さんを見ていると、竹野内さんの顔が自分の顔のような気がしてならないんだ」

鏡太郎さんの話によると、Hさんは竹野内さんに同一性を求め過ぎて、自分が竹野内さん本人になってしまった感覚が取れないとのことであった。

例えば、映画を観ているときに竹野内さんが登場すると、自分がその映画に出ている感覚に襲われて仕方ないということらしい。

一話目の話はこれで全部である。話を聞き終えた私は鏡太郎さんに相談した。

少し話がややこしく、また怪異といえばそうだといえるのだが、怪談というよりも精神的な要素が多い。どちらかというと、この話は『人怖《ひとこわ》』に入るのではないか、と。

私にとって、人怖も好きなジャンルの一つではあるのだが、他に霊的なものが絡んでくる話はないかと、図々しくも再度お願いをしたのである。

真面目で優しい鏡太郎さんは、そんな図々しい私の願いも叶えてくれた。

皆様のなかでもお聴きになられた方は多いと思う、『だっこさん』という鏡太郎さんの代表作の一つである怪談を、提供してくださったのだ。

彼の『だっこさん』を、ここに記す。

Ｆ子さんが小学校のときに体験した話だ。

彼女のクラスでは、ある怖いお姉さんの噂が流行っていた。

その噂の内容を先にご説明する。

〈だっこさん〉と呼ばれる女性が通学路に現れる。

登下校のとき、特に下校中に現れることが多いという。

子供が下校途中、通学路を歩いていると、おくるみで巻いた赤ちゃんを腕に抱いただっこさんが、反対側から歩いてくる。

住宅街なので道は比較的狭く、このまま真っすぐに歩いていくと、どちらかが道の端に寄らなければぶつかってしまう。

だっこさんが、すぐそこまで近づいてきた。

子供が道の端に寄ろうとすると、だっこさんはその子の目の前まで来て、そのまま道の脇にある民家の壁のほうに、くるんと向いてしまうのだ。

そしてガクンと腰を折ると、壁に向かってお辞儀をする。

なぜ壁に向かってお辞儀をしてるんだろう。

そう不思議に思った子供は当然、壁を見てしまう。するとだっこさんは、いきなりギャーと叫び出してしまうのだ。

びっくりした子供がだっこさんのほうを再び振り向くと、彼女は跡形もなく消えている、という内容だそうだ。

この噂、瞬く間にF子さんの学年では一大ブームとなり、目撃談も頻繁に飛び交うようになっていた。

そうなると、噂に尾ひれや背びれがついてくる。

だっこさんの身長は五メートルあった、背中には羽が生えていた、角があって口から牙が生えていたなど、様々なバリエーションのだっこさんが出てきたそうだ。

ただ、この話を鏡太郎さんにしてくれたF子さんは、実際に二回も本物のだっこさんを目にしたことがあるそうだ。

ある年の夏休みの終盤。

この期間中は学校のプールが開放され、F子さんは保護者の監視の下、友達とプールで遊んでいた。

しばらく泳いでいると疲れてくる。プールサイドに座り友達としゃべりながら休憩していると、十メートルほど先の対岸に女性が立っていることに気がついた。

細かい服装などは覚えていない。うつろな瞳であったが、ごく普通の女性に見えた。

ただ、一点違うところは、おくるみに包まれた赤ちゃんを腕に抱いていたのだ。

また隣にいる友達も、監視員の人も、プールにいる人たちは皆、この女性に気がついていないようだった。


間違いない。この人が、だっこさんだ——。


そう心の中で驚いていると、だっこさんが、ガクンとおじぎをした。

それからカクンと膝を曲げ、持っていたおくるみをプールの中に落としてしまったのだ。

そしてプールの中から空になった手を引き上げ、その手で顔を覆うと、ギャー！　と、プール中に響くような大きな声で絶叫した。

辺りを見回しても、やはり誰もこの絶叫に気づいていなかった。

F子さんがだっこさんのほうに向き直ると、彼女はもう消えていたそうだ。

もちろん、プールの中のあるはずのおくるみもなかったという。

また、F子さんはこうも言っていたという。

あとから考えると、通学路に出てきただっこさんは道の端でお辞儀をしていた。

あの通学路の壁の下、すなわち道路の端には生活排水が流れるドブがあった。

だっこさんはあのドブの中、つまり水の中におくるみを沈めていたんだと、気づいたという。


鏡太郎さんはこの話を聞き、胸が苦しくなったそうだ。

悲しみのあまりつい、「なるほど、誤って子供を水に落とした母親が、自らも命を絶って、その幽霊が現れたんですね」と口を挟んでしまった。

それに対してF子さんは「私はそうは思わないんです」と、否定してきた。

だって、考えてみてください。

腰を折って、膝を曲げて、おくるみを沈めて、手を引き抜いて、泣き叫ぶ。

一つ一つの動作が、あまりにも丁寧すぎると思いませんか。

「だからだっこさん、わざと赤ちゃんを殺したんじゃないかって……そう思いませんか」

F子さんはそう、鏡太郎さんに問いかけてきたそうだ。

F子さんのこの問いかけを聞き、鏡太郎さんは背筋が寒くなった。

「いや、でも……子供を誤って殺してしまった、そういう後悔の念があるから、この世に現れるんじゃ……」

この鏡太郎さんの答えにも、F子さんはかぶりを振った。

「私、だっこさんと、二回会ってるって言いましたよね」

二回目のだっこさんとは、スーパーで会った。

だっこさんは、普通にスーパーで買い物をしていたという。

「だっこさんは、生きてる人間だったんです」

それを聞いた鏡太郎さんは、混乱した。今までF子さんから聞いていた話では、だっこさんは目を少し離しているうちに消えている……明らかに人間ではないからだ。

「私や同級生が目撃しただっこさんは、赤ちゃんが見せていたと思うんです。僕は（私は）、こうやって女に殺されたんだよって」

きっと、私たちにそう伝えたかったんじゃないですかね、と、彼女は悲しそうな顔で話を結んだという。


この二つの怪異を取材することになった経緯も、書き記そうと思う。

詳細はあとがきに記すが、この取材の少し前、私が主催していたある怪談朗読劇の延期が決定した。

この年に猛威を振るった新型コロナウイルスの感染拡大による、諸々の活動の自粛要請の影響である。

この朗読劇には、鏡太郎さんにも演者として出演してもらう予定であった。

延期を余儀なくされ、落ち込んでいた私を鏡太郎さんが優しく励ましてくれたことを今でも覚えている。

そのとき単著の話をすると、彼は快く「私でよければ協力します！」とおっしゃってくれ、この二話の取材が実現したのだ。

取材からわずか十日ほど後、私は彼が重い病を得たことを知らされる。

そしてそれから半年も経たない二〇二〇年九月二十七日、鏡太郎さんはお亡くなりになった。

この原稿を書いていると、良き怪談仲間であった彼との楽しい思い出が蘇ってくる。

泣いてはいけないと思うのだが、ついつい涙があふれてしまう。

鏡太郎さんが納得する原稿に仕上がっているかは分からないが、出版されたら彼の墓前に供えたいと思っている。

化かされた

遠藤《えんどう》さんは以前、太陽光パネルの営業をしていた。

「当時は羽振りがよくてさ。震災後に電力不足が騒がれた時期があったでしょ。国から補助金も出たし。あの頃、先行き不安感も後押ししてね、会社にはひっきりなしに問い合わせの電話がかかってきてたな」

ま、今はもう斜陽産業だけどね。

そう語った遠藤さんが営業成績トップだった頃の話だ。

福井県の某地域で、彼は車を走らせていた。

そのときの彼はウキウキ気分で運転していたという。見渡す限り田んぼしかない田舎で、午前中から契約が二件も取れるとは思っていなかったのだ。

夕方、予約しておいた旅館に戻るまでには、あと三か所は回れそうだ。

そんなことを考えていると、彼のお腹が「ぐぅ」と鳴った。

時計を見ると十二時を過ぎていた。

どこか適当なとこで飯でも、と考え車を走らせるが、行けども行けども飲食店らしき建物は見つからない。

それどころか、コンビニすらないのだ。

遠藤さんは午前中、それで困ったことを思い出した。コンビニがないのでトイレが借りられないのだ。

公衆トイレも探してみたが見当たらなかった。仕方なく彼は外で用をすませたという。

更に走って走ってようやく飲食店らしき店を見つけたが、そもそも営業しているのか不安だった。

中華料理というのぼりは扉の前に立っているのだが、どうにも古いのだ。

店の外観もボロボロの掘っ立て小屋のようであったという。

だが、ちらっと覗くと、店内には灯りがついていた。

遠藤さんは迷ったが、ここを逃すと旅館につくまで食事がとれないだろう。

彼はしぶしぶ、店の中に入ることにした。


店内は他の客は誰もいなかったが、想像以上に綺麗だった。

これなら期待できるかもしれない、と席につくと、厨房の中から和服姿の妙齢の美しい女性が出てきた。

メニューと水を持ってきたところをみると、ここのウエイトレスか女将であろう。

いや、ウエイトレスにしては着物が綺麗すぎる。

勇気を出して「女将さんですか」と聞いたところ、「そうです」との返事だった。

遠藤さんに向かって返事をしたときの女将の笑顔は、女神のようであったという。

「決まりましたら、お呼びください」

そんなことを考えていたら、女将は奥へと引っ込んでしまった。

遠藤さんはトイレに行く振りをして厨房を覗いてみた。この手の小さな店は、家族経営と相場が決まっている。

もし厨房に、女将と釣り合うような歳の男がいたら、女将に声をかけるのは止めようと考えたからだ。

すると厨房では、一人の老人が包丁を研いでいた。

ひょっとして女将の父親かな。

まあ、何であれ、女将に似合いそうな男がいなくて良かったと、遠藤さんは胸を撫で下ろしたそうだ。

あれほどの美人は東京でもなかなかいない。今日は仕事を終わりにしてでも、絶対ものにしてみせる。

そう思った遠藤さんは席に戻ると、ここは一つ見栄を張って女将の気を引こうと、ふかひれやあわびなど、高い食材が入った料理ばかり注文したという。

しばらくすると、食べきれないほどの料理が運ばれてきた。

だが、これも計算のうちである。

遠藤さんは運び終わった女将に「良かったら、ご一緒しませんか」と誘いをかけた。断られるかもしれないが、一か八か勝負に出たのである。

「あら、嬉しい」

女将は意外なほど、素直に応じてくれた。

独身かどうかも聞いたところ、これまた都合のいいことに女将は独身であった。

これはイケると踏んだ遠藤さんは、食事をしながら自分の身の上話をはじめた。

東京から来たこと、自分の会社のこと、営業成績は常にトップであること、要は自分をいい男に見せるために、自慢話をはじめたのだ。


どれくらい時間がたったのかは分からないが、話しているうちに、ふと気がついた。

厨房にいた老人がいなくなっていたのだ。

「あの、厨房にいた方は」

「父は買い出しに行って、夜まで戻らないんです」女将が嬉しいことを言った。

これはチャンスとばかりに遠藤さんは、「店が終わったらドライブに行きませんか」と、デートに誘ってみた。

するとと女将は、いきなり艶めかしい目線を送り「夜まで待てない」と逆に誘ってきたのである。


興奮した遠藤さんは女将の腕を取ると、抱きしめ口づけをした。

「ん」

唇を重ね合わせた瞬間、妙な匂いがした。

生臭い、何かが腐敗したような激臭であった。

驚いた彼が口を離すと、女将の姿は目の前から消えていた。

え、何で――状況が飲み込めずにいた彼がふと気がつくと、なぜか両手で猫の腐乱死体を抱えていたのだ。

驚愕のあまり、遠藤さんは猫の死体を投げ捨てた。すると、先ほどまで小奇麗であった店内は、今にも崩れそうな廃墟に変わっていた。

「わけが分からず、とにかく店を飛び出しましたよ。でも、車のルームミラーを見ると、自分の口元が血で真っ赤になっていました。口だけじゃなく両手やスーツも血だらけでしたよ」

女将だと思っていたのは、きっと猫の死骸だったに違いない。

口元が血だらけということは……。

彼は急いで車を降りると、その場で吐いてしまったそうだ。

ほうほうのていで旅館までつくと、経営者の老夫婦が迎えてくれた。

遠藤さんの身なりを見て驚いていた二人に、彼は事のあらましを伝えた。

「そりゃ、狐に化かされたんだわ」

旅館の女将の話によると、この辺一帯は狐様を祀っているという。

けれども狐様に悪さをしなければ、だますことはしないようだ。

ここに来るまで何かしたか、と聞かれた遠藤さんはしばらく考え、外で用を足したことを思い出し正直に打ち明けた。

お狐様の祠にしたのかと聞かれた彼は、「祠じゃなくて、小さめな三つの石が並んでて、そこに……」と言いかけた。

聞いていた老夫婦はみるみる青ざめ、

「それは、祠じゃなくて無縁仏だ」と、震える声で答えたそうだ。

「小さめの石が三つ、地面から出てたんです。どうやらそれ、大昔の無縁仏らしくて……。で、旅館の老夫婦が、もうここら一帯に来ちゃだめだっていうんですよ」


もう一度来たら、あんた死ぬよ、って。

その日の晩、旅館に泊まった彼は夕食後に部屋に戻ると仰天した。

枕に、包丁が突き刺さっていたのだ。

午前中に取った契約はもったいなかったが後輩に譲り、それ以後、遠藤さんはあの場所へは行っていないそうだ。

ハリコサンとテディベア

映像作家の明里《あかり》さんは、岡山県出身である。

明里さんとは、クリエイターが集まるバーで知り合った。私の父方の祖父母の両実家も岡山にあり、彼女が住んでいた地域から比較的近く、初対面のときから話が盛り上がったのを思い出す。

これからご紹介する話は、彼女がまだ岡山の実家に住んでいた、中学生の頃に体験した忌まわしい出来事だ。怪談作家の戸神重明《とがみしげあき》先生がお持ちのＹｏｕＴｕｂｅチャンネルにて開催した「配信版・高崎怪談会一・東国百鬼譚」という配信ライブでもこの話を披露したのだが、そのあとも事細かに取材を重ねていった。

その全てを、ここに記す。

今から約三十年前、ある日の下校中。

途中で友達と別れ、一人で家に向かっていた彼女は、集合住宅の一階にあるゴミ捨て場で気になるものを見つけた。

「建物と一体化してるゴミ捨て場だった。そうそう、外からゴミを回収できるように、道路側にも扉がついてるタイプ。そこ、いつもは閉まってたのよ。でもその日は、扉が開けっ放しでね。野良猫でも入ったんじゃないかな。ゴミ袋が引っ張り出されて、道路いっぱいにゴミが散乱してたの」

すえた匂いが鼻を刺激する。卵の殻、スナック菓子の袋、残飯入りのコンビニ弁当の空容器等々——生ゴミが歩道一面に散乱していた。

うわ、管理人さんに知らせなきゃ。

しかめた顔を上げると、一体の古ぼけた熊のぬいぐるみが目に入った。ゴミ捨て場の棚の上に、ポツンと置かれていたのだ。

薄暗い中、わずかな西日に照らされた熊のぬいぐるみ。

虚ろな黒い瞳は傍にいた明里さんを通り越し、遠くを見つめていた。夕暮れどきという時間帯も、寂しさを演出していたのであろう。ただのぬいぐるみと分かっていても、その物悲しい光景は、不安を抱えながら帰りの遅い母親を待っている幼子のようであったという。

ぬいぐるみを手に取ると、目や鼻、四肢までもが取れかかっている。

この子を早く、家につれて帰らないと。

明里さんはゴミの件を管理人に告げるのも忘れ、家路を急いだ。

慣れない針仕事。格闘の末、ようやく仕上がったときは夜中の一時を回っていた。

「直してるときに気がついたんだけど、破れていたお腹の中に〝Ｓｔｅｉｆｆ〟と書かれた金属製の丸いタグが入っていたの。調べてみたらそのシュタイフって、〈テディベア〉を作っている会社の名前だったのよ」

はじめて本物のテディベアを手にした彼女は興奮した。おそらく相当古い物であることは、その外見から容易に想像できたという。

ただ一つ、気になることがあった。

修理していたときに気がついたのだが、このテディベア、身体中のいたるところに縫い痕《あと》がある。モコモコとしたモヘア生地に隠れて、一見した限りでは分からない。綿に紛れてお腹の中に入っていたタグも、元は別の箇所についていたものと思われた。前の持ち主が乱暴にあつかったとしても、これほど酷く壊れるものなのだろうか……。

彼女はいささか不審に思いつつも、何時間もかけて直したテディベアにすでに愛着がわいていた。

この子を手放すことは考えられない。

以前の持ち主が粗末にあつかっていた分、私が大切にしてあげよう。明里さんはそう考え、その日はテディベアと一緒にベッドに入ったそうだ。

二日ほどテディベアを抱え床についていた彼女であったが、それきりであった。一緒に寝ていて、怖いことが起きたわけではない。

ただ、無性に腹が立つのだ。

テディベアを見ていると苛立ちが募り、腸《はらわた》を引きずり出してやりたい衝動に駆られてしまう。

何故こうなるのか分からず、必死で自分の感情を抑えてみるも、気がつくとハサミを持ち出し、せっかく修理したテディベアを、またズタズタに切り裂いていたのだった。

ひとしきり破壊行動が終わると、我に返る。正気に戻ったあとはいつも後悔し、再度何時間もかけてテディベアを縫い直したという。

このようなことが二日も続けて起きた。

高校受験を控え、精神的に疲れているのかもしれない。

明里さんは一緒に寝るのをやめ、テディベアを目につきにくい洋服ダンスの上、それも飾ってあった他のぬいぐるみたちの陰に隠すように、一番奥に置くことにしたという。

「まあ、そんなことしても無駄だったけどね……」

いくら見ないように努めても、視線はテディベアを捉《とら》えていく。

その度にマグマのように湧き上がる憤怒《ふんぬ》の情が、彼女を狂わせ、破壊行為に及《およ》ばせる。

何度も何度も取り憑かれたようにテディベアを切り刻んでは修復するという行為を繰り

返すうちに、彼女は次第に正常な感覚を失っていったという。

「最初は自分がおかしくなったって認識はあったの。でもいつからか、それが当たり前の行為だと……いや、ストレス解消のために、必要なんだって思うようになって……」

家族には勉強に集中したいと嘘をつき、部屋に鍵をかけ行為にふけっていた。

時間が経つにつれ、縫い痕だらけになるテディベア。

見るも無残な姿に変わり果てていったが、彼女は恍惚の目でそれを見ていたそうだ。

自分の手によって、この熊のぬいぐるみの命は救われている――遂には、そう考えるようになっていってしまったと、明里さんは語ってくれた。


そんな状態の彼女に、新たな悩みが出てきた。

テディベアを目にしなくても、衝動が徐々に抑えられなくなっていったのだ。

授業中でも友達と話しているときでも、〝何かを切り裂いてやりたい〟という欲求に支配される。

けれども、学校にテディベアを持っていくことはできない。我慢しても次から次に溢れてくる苛立ちに、どうしたものかと思案していると、校庭の隅にウサギ小屋があったのを思い出した。

ウサギを前にした明里さんはさっそく物色しはじめた。

手前にいる子は大きすぎる。右側で寝ている子は小さすぎて、つまらなそう……。

あ、あの奥にいる真っ白なウサギ。

あの子なら、うちにいるテディベアと同じくらいだ。

あれぐらいの大きさが、一番〈手ごろ〉かもしれない——。

「どうしたの?」

突然、後ろから友達に声をかけられた。振り向くと、その友達は怯えたような顔で明里さんを見ていた。

「その友達の顔を見て、ハッとしたの。私、今まで何をやってたんだろうって。ウサギを捕まえて八つ裂きにしようとしてた、いや、そもそもテディベアを切り裂いては直していた、その行動自体が異常だったって、怖くなっちゃって……」

ギラギラした目つきで獲物を探していたに違いない。

このままでは私、獣のようになってしまう。

今まで自分がしてきた行為に震えあがった彼女は、学校が終わるや否や、転がるように家へと帰ったそうだ。

帰宅すると母親はいなかったが、一緒に住んでいたお祖母《ばあ》さんが帰りを待っていた。

明里さんが堰《せき》を切ったように今までの行為を話しているうちに、お祖母さんの顔がみるみる険しくなっていったという。

「そのぬいぐるみ、どこにあるんじゃ！」話も終わらないうちに、凄まじい剣幕で口をはさんできた。いつもは優しいお祖母さんの、鬼のような形相。

彼女はおどおどしながらも自室にあることを告げると、お祖母さんは明里さんの手を取り部屋へと向かった。

勢いよく自室のドアを開けると部屋中、綿ホコリが舞っていた。

ホコリの匂いなのか、鼻にツンとくるようなカビ臭ささも感じたという。毎日欠かさず掃除をしているわけではなかったが、ここまで酷くなるほど放置もしていなかった。

おかしい——明らかに気のせいではない光景を前に、彼女は立ちすくんでしまった。

そして肝心のテディベアも、忽然と消えていたのである。

昨日の夜もいつも通りに、タンスの上の一番奥へと戻したはずだった。

明里さんとお祖母さんは彼女の部屋の隅々まで、また家の中を全て隈なく探してみたが、とうとうテディベアは出てこなかったという。


「あの話は、本当じゃったんじゃな……」

探し疲れて休んでいるときに、溜息をつきながらお祖母さんが口を開いた。くだんのテディベアにまつわる因縁について、話しはじめたのである。

お祖母さんの体験談に移る前に、明里さんの実家のある地域の風習、〈ホトホト〉を簡潔にご説明したい。

ホトホトは、旧正月に行う。子供たちが五人ほどのグループを作り、町内の家々を回って「ホトホト、ホトホト」と言いながら玄関の扉を叩く。そのあとすぐさま物陰に隠れ、その家の人に見つからないようにする。見つかった場合は、手桶に入った水をひしゃくでかけられて終わり。見つからなかった場合、家人は子供たちに与えるための菓子や餅を玄関先に置かなければいけない、という決まりがある。

家の人に見つかることなく無事に七軒の家を回り終えると、子供たちはその年、無病息災で過ごすことができる、という言い伝えがあるのだ。

私の亡き祖母も、毎年、このホトホトを待ち望んでいたと教えてくれた。

岡山のある地域の子どもたちにとって、日本版ハロウィンのようなホトホトは、お正月に次ぐ楽しい行事の一つであったようだ。

話を元に戻す。

昭和のはじめ、まだお祖母さんが子供だった頃の話だ。

ある年の旧正月の昼過ぎ、お祖母さんは例年と同じように、近所の友達数人とグループを作り、ホトホトをして家々を回っていた。

数軒を回り、水をかけられることもなく、餅や菓子を十分に手に入れ喜んでいたところ、年長者である男の子が「そろそろ、お屋敷に行かん？」と、声をかけてきた。

お屋敷とは、その町一番のお金持ちの家のこと。

旧家でもあり、その時代、庶民はその屋敷の土間から上に上がることはできなかったという。

そのせいもあってか、親からは「お屋敷に近づいたら、おえん（だめだ）」と禁止されていた。

日本家屋であるその屋敷は、小高い丘の上に建っていた。堂々たる門構え、厳格そうな主《あるじ》に気後れし、親に言われなくても、普段から子供たちは寄りつきもしなかったが、ホトホトとなると話は別である。

そこにいけば当時、滅多に手に入らない舶来品のお菓子を貰えるため、子供たちの中でもその屋敷は一番人気があり、皆、親に内緒で行っていたという。

主も旧正月だけは、ホトホトのために裏木戸を開けておいてくれていた。

屋敷の近くに行き、様子を見る。遅くに来たのが功を奏したのか、他の子供らはいなかったそうだ。違うグループとかち合ってしまうとお菓子の取り分が少なくなるので、お祖母さんたちはわざと時間帯をずらしていたのだった。

ホトホト、ホトホトホトと言いながら裏口を叩く。

叩いたあとは一斉に散り散りになり、木の陰や納屋の裏などに隠れるのだが、いつまで経っても、そして何度やっても誰も出てこなかったという。

おかしい、いつもなら女中さんが出てくるはずなのに。

もしかすると、今年は留守なのかもしれない。

諦めて帰ろうとすると、引き戸が開く音がした。鍵はかかっておらず、友達の一人が興味本位で開けてしまったのだ。

中はシーンと静まり返り、人の気配もない。

止めたほうがいいという意見も出たが、お祖母さんを含む子供たちの好奇心は止められなかった。

こっそりと、屋敷の中に入ってしまったのである。

仄暗い土間から上がり炊事場を抜け、長い廊下に出たが物音一つしない。本当に誰もいないようだった。

そろりそろりと足音をしのばせ、自分らの家とは全く違う、広く瀟洒な造りの部屋を興奮しながら見て回っていると、何やら妙な物音が聞こえてきたという。

耳を澄ますと部屋の外から微かであるが、ジャ…、ジ……キと、妙な音がした。

「このときのこたあ、今でもよう覚えとる。家の人がけーてきたんじゃって、みんな慌てとったんじゃ」

けれども年長者の男の子が、「あれかもしれん」と何か心当たりがあるかのように、部屋を出ていってしまった。

仕方なくあとからついていくと、男の子は耳を澄ましながら壁に手を当て、何かを探しているようであった。

「座敷牢があるんじゃ、この屋敷には」何でも頭がおかしくなったお嬢さんを閉じ込めていると、親が話しているのを立ち聞きしたことがあるらしい。

話を聞いて、更に恐ろしくなったお祖母さんたちが帰ろうと話していると、男の子が小声でみんなを呼んだ。

隠し扉とでも呼べばいいのか、二階へと続く階段の下の壁が動いたのである。

先ほどの妙な音は更に大きくなり、

ジャキ、ジョキ、ジャキ、と何かを切っている音だということがすぐに分かった。

男の子は恐る恐るといった様子であったが、扉の向こうに行ってしまった。

「みんなでついていったら、ほんまに座敷牢があった……暗うてよう見えなんだが、牢の中に灯りがついとったんじゃ」

灯りの下には、髪の長い女性がいた。何日も風呂に入っていないのか、垢と汗が入り混じったような強烈な匂いが漂ってくる。

女性は横向きに座り、ハサミを持ってしきりに何かを切っていた。

「それが、モコモコとしたぬいぐるみじゃと気がついて、誰かが驚いた声を上げてしもうた……そねーしたらな……」

下を向いたまま、ひたすらぬいぐるみを切り刻んでいた女が顔を上げ、お祖母さんたちを見た。

　赤く血走った眼をこちらに向け、口角を最大限に上げながら笑いかけてきたという。

「阿修羅のごとくたあ、まさにあれのことじゃった。震え上がったわしらは、一目散に屋敷を飛びだしたんじゃ。どこをどう帰ったんかも、よう覚えとらん」

　後日、年長者の男の子がくだんの女性のこと、親が話していた内容をお祖母さんたちに教えてくれたそうだ。

　お屋敷のお嬢さんは、いつの頃からか野良猫を捕まえてきては切り刻み、縫うようになった。

　何人かの町の人に目撃され、これ以上悪い評判が立つといけないと、家の人がお嬢さんを無理矢理座敷牢に入れたらしい。

　因みに親たちは、お嬢さんのことを「ハリコサン」と呼んでいたらしい。お嬢さんの常軌を逸した行動からつけたことは容易に想像できた。

　ハリコサンのことがあり、親たちは自分の子らに屋敷に近づくことを禁止していたのだろう。

それらを聞いたお祖母さんは、更にゾっとしたという。座敷牢の中で切り刻んでいたぬいぐるみは、野良猫の代わりだったのかと気づいたからだ。

あれ以来、お祖母さんたちはホトホトの時季になっても、屋敷に近づくことはなかった。


それから約十年の月日が流れた頃、その旧家は没落した。

一族は散り散りになり、町の人たちもその後の行方は知らされていなかったそうだ。

「あの人たちがおらんようになってから、変な噂が立つようになったんじゃ。熊のぬいぐるみを拾うと、あのお嬢さんみたいに、おかしゅうなるって」

いわく、熊のぬいぐるみを切り刻んでは縫い合わせ、しまいには動物にも同じ行為をするようになる。そして異変に気づいて熊のぬいぐるみを焚き上げようとしても、明里さんのときと同じように忽然と姿を消してしまう、と。

お祖母さんはこの噂をだいぶ前に聞いてはいたが、自身の孫娘の身に降りかかるまでは、信じてはいなかったという。

この噂が頻繁に口にされていた当時、異常な行為をするようになった屋敷のお嬢さんは、家が没落した際に家族に殺されたのではないか。いきなり町に現れるようになった熊のぬいぐるみはその祟りではないかと、言われていたそうだ。

私が配信ライブで話した内容は、ここまでであった。

その後、明里さんに再度取材を申し込んだところ、彼女は実家に電話をかけ、更に詳しく聞いてくれた。

今年で九十八歳になった彼女のお祖母さまが、「もう、明里も大人になったから」と本当にあった事実を語ってくれたらしい。

くだんのお嬢さんは家族に殺されたのではなく、敷地内の物置小屋に置いていかれた。

町の男連中が彼女に手を差し伸べたが、それはとても善意と呼べるものではない。

お嬢さんは彼らから最低限の援助こそ受けたものの、結局は慰み者になってしまったという。

自殺か病死か原因は詳しく分からないが、お嬢さんは程なくして亡くなったそうだ。

残酷すぎる新事実を聞いてしまい、私はただただ絶句するより他はなかった。

明里さんもお祖母さまから聞いたときは、同じ気持ちであったのだろう。

「今だって、弱者を餌食にする性犯罪はあるのよ……。あの時代なら、町ぐるみで犯罪を隠蔽すること、充分にあり得たと思う」と、悲し気な表情で話を結んだのだった。

赤卒《せきそつ》

Ｆ氏から戦争時代の貴重な話を頂戴してきた。子供の頃、お祖父《じい》さまより繰り返し何度も聞かされた話だという。

彼のお祖父さまは、戦争孤児であった。

怪異にいきつくまでの経緯《けいい》は長くなるが、最後までお読みいただければ幸いである。

一九四五年六月九日、兵庫県明石《あかし》市は二度目となる空襲に見舞われた。迎撃用の戦闘機を増産していた川崎航空機明石工場が狙われたのだ。

当時、彼のお祖父さまは、まだ十歳であった。女手一つで家計を支える母を助けるため、学校に通わず集団疎開も免除してもらい、商店街にある魚屋で配給の手伝いをするなど、小間使いとして働かせてもらっていたそうだ。

稼げる賃金はわずかなものであったが、母親が工場《こうば》で働いていたため、二歳になる妹をおんぶしながらの重労働であったという。

通常であればその日も祖父は、早朝から妹をあやしながら店に行く予定だった。だが、流行り風邪にやられ、寝込んでしまったのだ。

「代わりにその日休みであった祖父の母親が妹をつれ、商店街に行ったそうです。悔やんでも悔やみきれない、と語っておりました」

熱に浮かされながらウトウトしていると突然、空襲を告げるサイレンが鳴り響いた。祖父はフラフラの状態であったが近隣の人の手助けもあり、防空壕へと避難できた。

防空壕へ入ってからも、気がかりなのは母親と妹のこと。

その不安は的中する。

川崎航空機明石工場だけではなく、付近にある明石公園にも爆弾が投下されたのだ。

この日は曇り空だったため目視ができず、レーダーのみの攻撃であった。そのため標的ではない明石公園を中心とした住宅地に誤爆したのだ。

公園内での死者は二六九人。商店街で働く人々も多く避難していた。

「祖父の母親と妹も、その中にいました。朝、寝床で二人を見送ったのが、今生《こんじょう》の別れになったそうです」

母と妹の死を悲しむ間もないまま、祖父は身一つで放り出された。

それまで優しかった近所の人もそっぽを向き、頼みの綱であった親戚からは〈疫病神〉と罵《ののし》られ、追い出された。お世話になった商店街の店主も、もうこの世にいない。

引き取り手のいない祖父は、公園や駅、ときには民家の軒下で寝泊まりをする路上生活者（当時は浮浪児と呼ばれていた）になった。

日銭を稼ぐため、何でもするから働かせてほしいと頭を下げても、手を差し伸べてくれる大人たちは誰もいない。そればかりか、〈汚い、バイ菌、野良犬、コソ泥〉と怒鳴られ、棒で叩かれながら追い払われたのだ。

殴られ蹴られ、害虫のように煙たがられるたび、思い出すのは母と妹の笑顔であった。

ここで死んでしまっては、自分の身代わりに散っていった母に顔向けができない……。

もう大人は信用しない。

スリや万引きをしながらでも生き抜いてやる——。

そう決意した祖父は生き残るため、駅で知り合った戦争孤児数人と徒党を組み、食べ物や金を盗んできては飢えをしのいだ。悪いことだと分かっていても、盗みを働かなければ生きてはいけない、過酷な状況下での暮らしであったという。


路上で生活するようになり、二月《ふたつき》が経った頃。

祖父は明石から無賃乗車を繰り返し、神戸、大阪、そして名古屋へと辿り着いていた。

ドヤ街で落ちている小銭を拾っていると、「日本は負けた」と嘆いている大人たちを見かけた。戦争が終わったと、このとき祖父ははじめて知ったのだ。

「戦争孤児にとって、終戦してからが本当の戦いだったようです」

その頃になると、戦争孤児の遺体が駅や路上で多く見られるようになった。餓死や病死した子だけではなく、先の見えない苦しい生活に絶望し、自殺する子供が増えたためだった。

それから数週間ほど経つと、今度は路上生活者の女の子の数が減っていったという。主に米兵たちに身体を売る〈パンパン〉になるよう、ヤクザからスカウトされていたのだ。

「この話だけは、私が大学生になってから聞かされました。まだ子供だった頃は、祖父も話しにくかったのでしょう……。パンパンになれば、毎日ご飯を腹いっぱい食べられる……そうある女の子から聞いた祖父は、止めることができなかったそうです。本当に惨めで悲しい時代だったと、涙を流しておりました」

ほどなくして国は戦争孤児に対し、〈狩り込み〉と呼ばれる強制収容を開始した。

祖父いわく、それは児童保護という観点ではなく、汚い身なりで悪さをする孤児を、一斉《いっせい》に排除するものであったという。

ご存じの通り、この時代は食べ物も物資も不足していた。ましてや孤児を収容するまともな施設など、ほぼない状態に等しい。小さな建物に大勢の孤児を無理矢理入れ、ろくに食べ物を与えない中、生活させるのである。

それならまだ良いほうで、捕まえた孤児を谷底に落として始末するという恐ろしい噂も、まことしやかに流れていたそうだ。

その頃、祖父は一番仲の良かったシゲちゃんと、四歳になる彼の妹・幸《さっ》ちゃんとの三人で、狩り込みに来た警察の目をかいくぐり、どうにか生きながらえていた。

シゲちゃんたち兄妹とは、神戸で知り合った。

幼い妹を抱えながら途方に暮れていたシゲちゃんの様子に、自分の境遇を重ねてしまった祖父は、彼らを放っておくことができなかったという。その証拠に仲良くなると、それまでは絶対にしなかった物乞いまでするようになった。

幸ちゃんだけには、ひもじい思いをさせたくなかったのだ。

「自分の妹にできなかったことをしてあげたかったんでしょう。プライドを捨て、もっとも憎んでいた米兵からも、チョコやガムなどを恵んでもらったそうです」

物乞いや小銭拾いがかんばしくない日はシゲちゃんと連携し、二人一組で万引きや置き引きを働いた。

それだけやっても成果が出ないときは幸ちゃんにだけ、取っておいたなけなしの食料を与え、二人は空腹を水で満たす日もあった。冬になると飢えと寒さで、眠れない夜も続いたという。

「栄養失調で、身体はガリガリ。疲れ果て、精神的にもボロボロだったそうです。それでも祖父がめげなかったのは、シゲちゃんと二人、励まし合って生きてきたからだと言っていました」

晩冬《ばんとう》を越え、春先へと移り変わったある日の夕方。

闇市で物乞いをしていた祖父は、顔なじみになったテキ屋のおじさんから「残りもんだよ」と、大きなふかし芋を三つももらった。闇市は夜も営業していた。おじさんが、同情してくれたのであろう、売れ残りのものではないことが、祖父にはすぐに分かった。

今日は三人とも、腹いっぱい飯を食べられる。

はじめて大人から優しくしてもらったこともあり、喜び勇んで二人が待っている駅に戻ると、シゲちゃんは泣いている妹をひざの上にのせながら、ベンチに寄りかかるように深く座り、眠っていた。

ここ数日は食べ物の調達で、二人してかなり動き回っていたのだ。彼も相当疲れているに違いない。

疲労のせいで妹の火がついたような泣き声にも気づかないくらい深く眠っているシゲちゃんの肩を、祖父は優しく「起きろ」とゆすった。

その直後——彼の身体はぐらりと横に倒れた。

まさかと思い彼の頬を触ってみると、氷のように冷たくなっている。

ひどく狼狽しながら鼻や口を触っても、息をしていない。

いきおい抱き着いて心臓に耳を当てても、鼓動は全く聞こえなかった。


どれくらい、歩いたのだろうか。

シゲちゃんの遺体を背負い、泣き疲れた幸ちゃんと手をつなぎながら、祖父は進む方向も定かではなく、ただ駅から離れたい一心で彷徨《さまよ》っていたという。

彼の遺体を駅に放置してしまえば、犬ころと同じように処分されてしまう。

見つかる前に離れなければと、祖父は倒れそうな身体に鞭を打ち、シゲちゃんを背負いながら歩き続けたそうだ。

気がつくとバラック小屋が並ぶ、今でいう住宅街に来ていた。

焼け野原に簡易的に建てた小屋には、炊事場がなかったのだろう。小屋の前ではその家の母親と思われる女性が、夕飯の支度に精を出していた。美味しそうな匂いにつられた子どもたちが「早く早く」と母親にまとわりついている。

もう、限界だった。

祖父はくるりと踵を返すとシゲちゃんの妹の手を強く引っ張り、足早にその場から離れていった。

あの子たちと比べ、なぜ自分だけこうも不幸なのか。

あの忌まわしい空襲の日、熱を出して寝込まなければ。

いや、その前に肺の病気で亡くなった父が、今も生きていれば。

違う、父の死後、母の地元である明石に戻らなければよかったのか――。

泣きじゃくりながら思考は過去を遡《さかのぼ》り、螺旋《らせん》のごとく同じ場面の行ったり来たりを繰り返していた。

目の前にいる幸ちゃんは地べたに座り、「つかれた、あるきたくない」とぐずっている。

支え合っていたシゲちゃんが逝《い》ってしまった今、先を考えても闇しか見えない。

死のう。

このまま惨めな死を待つのであれば、自ら命を絶ってしまうほうが楽だった。

背負っていたシゲちゃんを下ろす。

この地獄に幸ちゃんだけ置いていくわけにはいかないと、祖父は嗚咽《おえつ》を漏らしながら彼女の首に手をかけた。

一緒に、シゲちゃんのところに行こうな。苦しいのは今だけだから……。

最初は止めてと強く抵抗していた幸ちゃんであったが、喉を圧迫する力を強めると徐々に反応はなくなっていった。口の隙間からでる呼吸が「ヒューヒュー」と、弱々しい音を立てていた、そのとき。


ゆうやけ……こやけの、あかとんぼ……負われてみたのは……いつのひか

どこからともなく、女性のか細い歌声が聴こえてきた。ささやくような途切れ途切れの

声であったが、驚いた祖父は思わず幸ちゃんの首から手を離した。

生前、母がよく歌ってくれた童謡であった。

病弱であった父が徴兵検査に落ち、〈非国民の子〉と虐《いじ》められた日、背中をさすりながら泣き止むまで何遍《なんべん》も歌ってくれた、あの歌声。

父の葬儀のあと、心細さのあまり母の蒲団に入りしがみついた夜も、幼馴染と離れるのが嫌で、明石に行きたくないと駄々をこねたときも、優しく宥めるように歌ってくれた、あの歌声だった。


暗い夜のなか、耳を澄まし辺りを見回しても人の気配はない。

母ちゃん、どこにいるの。どうして姿を見せてくれないの。

祖父が必死に呼びかけているうちに、歌声は次第に近づいてきていた。


やまのはたけの、くわのみを……こかごにつんだは、まぼろしかハッとした――母の歌声は、気を失い倒れていた幸ちゃんの口から出ていたのだ。

懐かしい母の歌声を少しも聞き逃すまいと、彼女の口元に耳を寄せた。

ごめんよ、母ちゃん。

きっと母は自分が犯そうとしている過ちを正しに来たに違いない。

幸ちゃんと共に〈生きよ〉と言っているに違いない。

すすり泣く祖父は幸ちゃんを抱きしめながら、母の歌う〈赤とんぼ〉を子守唄代わりに、安心したのかいつの間にか眠っていたそうだ。

「翌日の朝、祖父たちは近所の住民によって助けられました。春といってもまだ寒さは残っていますから、生きていることに驚いていたみたいです。そして住民の方に説得され、児童保護施設に入ったと。幸ちゃんとは別々の施設に送られました。祖父は折に触れ彼女を探していたそうですが、消息は分からずじまいだったようです」

お祖父さまは晩年、こうも言っていたという。

母ちゃんの遺体な、首から上がなかったんだ。

そこら中、這いつくばって探したけど、とうとう見つからなかった。

爆弾に吹っ飛ばされて、粉々になったのかも知れねぇ。

逃げ遅れて防空壕に入ってなかったんだ。だから妹を守ろうとしたんだろうな、身体は黒焦げで穴だらけだったけど、腹の下に妹を抱えたままの姿勢で首から上だけがなかった。

母ちゃんは姿を見せなかったんじゃない、見せられなかったんだ、と。

この話をF氏から伺ったのは、三年も前になる。

お祖父さまは闘病中ということで会うことは叶わなかったが、F氏は詳細に話してくれた。聞き取りの最中、私は何度も涙を流し、そのたびに中断したことを今でもよく覚えている。また、果たしてこの話を私に書けるだろうか、書いていいのだろうかと逡巡《しゅんじゅん》し、今まで逃げていたのだ。

このたび筆を執ったのは、F氏から再度連絡が入ったことがきっかけである。

お祖父さまが亡くなったとの知らせであった。F氏は喉を詰まらせながら、今こそこの話を書いてほしいと依頼してきた。最近の自殺率の高さを憂《うれ》い、命の大切さを訴えたいとのことであった。

私はその言葉に胸を打たれ、微力ではあるが少しでもご尽力したいと、再びF氏の協力を得て取材をし直し、本書にしたためた次第である。


余談であるが〈赤とんぼ〉という童謡、戦時中はまだ世間での認知度は高くなかったそうだ。お祖父さまの母親がオルガンを習っていた縁で、この〈赤とんぼ〉に出会ったのだという。

〈赤とんぼ〉がどのような道のりを経て、日本人の心に響く名曲として知られるようになったのか、資料を寄せて調べたがここでは割愛《かつあい》させていただく。


お祖父さまの葬儀にも〈赤とんぼ〉を流し、親族一同で見送ったとのこと。

願わくば天国で皆と再会し、この童謡を楽し気に歌っていてほしい。

そして少しでもこの記述が、読者諸兄姉の琴線に触れることができたのなら、これに勝る喜びはない。

あとがき——この本を亡き鏡太郎さんとF氏、全ての御霊に捧げる

鏡太郎さんとのいくつかの約束の中で、一つだけ叶わなかったことがある。同業の正木信太郎氏と私とで主催した「異職怪談朗読劇」に演者として出演してもらうことだ。以前、鏡太郎さんの演技を見た私が、ぜひ鏡太郎さんに主役を演じてもらいたいとお願いしたのである。

鏡太郎さんは快くオファーを受けてくれた。実際、第一回目のシナリオもできあがり、一度は練習もしたのだ。しかし、三月に開催予定だった朗読劇は新型コロナウイルスの流行を防ぐため自粛要請がかかり、六月に延期せざるを得なかった。

鏡太郎さんは延期になっても出演してくれることを約束してくれたが、四月のある日、重い病にかかってしまったとの連絡があり、自ら辞退することとなった。

私を含めたスタッフ全員は、あまりのことにショックを受け、しばらくは何も手につかなくなってしまった。だがそのときも鏡太郎さんは、必ず治すからまたやりましょうと約束してくれた。私たちは彼の回復を信じてそれぞれ頑張ってきたが、彼は帰らぬ人となってしまったのだ。出演の約束を果たせなかったことは、本当に悔やんでも悔やみきれない。だが、鏡太郎さんから取材した怪異を本書に載せられたことは、本当に感謝しているし大変誇りに思っている。また同時に、彼が集めた怪異を必ず単著に載せるという、この約束を果たせたことも嬉しく思う。

今でも彼のことを思い出すと胸が痛む。でも、天国からきっと見ていてくれている鏡太郎さんのためにも、これからも前を見て歩いていこうと思う。

ちなみに、私のところにお寄せいただく怪異は、女としての悲しみや家族間の苦しみが元になったものが多い。「女だけの秘密の怪談会」を主催していることにも起因すると思うのだが、私自身、子供の頃からたくさん傷ついて苦しい思いを重ねてきた。そういう波長が合う方々と引き寄せ合っているのかもしれない。人の心は裏腹で、愛と憎は表裏一体である。自分の母親のことを散々罵りながら怪異を話す人も、実はその母親を愛していたりするのだ。愛するがゆえに悩み苦しみ悲しむときもある。私が取材している怪異は、実はその人たちが見せているまぼろしかもしれない。でも、それでもいいと私は考えている。怪異を集めそれを記すことで、負の感情を成仏させる手伝いがわずかでもできるのなら、これに勝る喜びはない。

最後になりますが、この単著を世に出すチャンスをくださった竹書房の皆様、ご担当していただいたO様には、大変お世話になりました。特にO様には感謝の念がたえません。

そして、この本を最後まで読んでくださった読者の皆様にも、深く感謝を申し上げます。
また、どこかでお会いしましょう。

二〇二〇年 冬 しのはら史絵

弔い怪談 葬歌

2021年1月4日　初版第1刷発行

著者　しのはら史絵

カバー　橋元浩明（sowhat.Inc）
発行人　後藤明信
発行所　株式会社　竹書房
〒102-0072　東京都千代田区飯田橋2-7-3
電話 03-3264-1576（代表）
電話 03-3234-6208（編集）
http://www.takeshobo.co.jp
印刷所　中央精版印刷株式会社

定価はカバーに表示しています。
落丁・乱丁本は当社までお問い合わせ下さい。

ISBN978-4-8019-2499-4 C0193